LE QUÉBEC

CHRISTINE LEROY

LES ESSENTIELS MILAN

Sommaire

Les mots suivis d'un astérisque (*) sont expliqués dans le glossaire.

Quatre cents ans d'aventure humaine

Le 31 décembre 2007, la Ville de Québec lançait les festivités du quatre centième anniversaire de sa fondation par Samuel de Champlain. Sur les rives du Saint-Laurent, au cœur d'un territoire immense et pétri de contrastes, débutait en 1608 une aventure humaine riche et mouvementée, au carrefour de l'Ancien et du Nouveau Monde : celle du peuple québécois. Au fil des époques, des rencontres, des conflits et des émancipations, la société québécoise s'est forgé, au sein de la Confédération canadienne, une identité distincte. Fier et soucieux de son caractère francophone, le Québec rayonne à l'étranger par ses productions culturelles mais aussi son expertise technologique. Terre d'accueil depuis toujours, la Belle Province exerce plus que jamais un fort pouvoir d'attraction sur les candidats à l'immigration attirés par « le fait français » et la qualité de vie. Cet ouvrage propose un portrait du Québec, une lecture parmi d'autres de son histoire et une esquisse de ses multiples visages, afin de mieux appréhender les sensibilités qui sont les siennes aujourd'hui et les défis qu'il devra relever demain. •

Le Québec en un clin d'œil

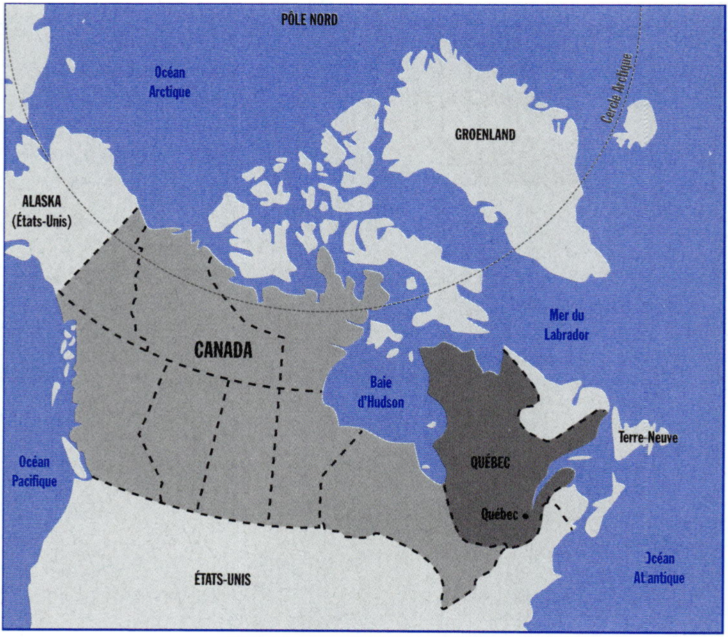

Fiche d'identité :

Superficie : 1 667 441 km^2 **Population** (juillet 2007) : 7 700 800 habitants
Capitale : Québec **Langue officielle :** français **Monnaie :** dollar canadien
Nature de l'État : membre de la fédération canadienne
Nature du régime : démocratie parlementaire
Fête nationale : Saint-Jean-Baptiste, le 24 juin **Devise :** Je me souviens (1883)
Drapeau : fleurdelisé (1948) **Emblèmes officiels** (1999) : bouleau jaune, iris versicolore, harfang des neiges **Espérance de vie** (2004-2006) : 83 ans (femmes), 78 ans (hommes)
Indice de fécondité (2006) : 1,62 enfant par femme
PIB par habitant (2006) : 37 137 dollars canadiens
Données chiffrées : Institut de la statistique du Québec

Le drapeau du Québec

La rencontre de deux mondes

Occupé depuis plusieurs milliers d'années par les ancêtres des peuples autochtones, le Canada est le théâtre de « découvertes » successives par les Européens, du Moyen Âge jusqu'au XVIe siècle.

Pêcheries

Les pêcheurs de morue français, espagnols, portugais, anglais et les chasseurs de baleines basques alimentent un commerce intensif et lucratif de poisson et d'huile qui atteint son apogée en Europe aux XVIe et XVIIe siècles.

Premiers contacts

Les premières relations entre Autochtones et Européens s'établissent sur des bases fragilisées par l'incompréhension mutuelle et l'introduction de maladies infectieuses telles que la grippe ou la variole contre lesquelles les Autochtones ne sont pas immunisés.

Dix mille ans d'occupation du territoire

Lorsque les premiers Européens abordent la côte septentrionale de l'Amérique, l'est du Canada est déjà occupé depuis près de dix mille ans par les lointains ancêtres des Autochtones. Le retrait progressif de la calotte glaciaire et le climat plus favorable qui s'installe après la dernière glaciation permettent aux premiers habitants du continent de peupler par vagues successives l'ensemble du territoire du Québec. Lors des premiers contacts avec les Européens, la population autochtone du Québec est composée de plusieurs sous-groupes complexes regroupés en trois familles linguistiques distinctes. Les familles algonquienne et inuk, au mode de vie nomade centré sur la chasse, la pêche et la cueillette, occupent la majeure partie du territoire, tandis que la famille iroquoïenne, semi-sédentaire, pratique une horticulture de subsistance au sud.

Arrivée des Européens

Des moines irlandais seraient, paraît-il, venus dans la vallée du Saint-Laurent dès le début du Moyen Âge. Les sagas islandaises et les découvertes archéologiques témoignent de façon plus certaine de la présence de Vikings sur la côte Est du Canada vers l'an mil. Partis du Groenland en quête de nouvelles terres, les Vikings auraient été les premiers à entrer en contact avec les ancêtres des peuples autochtones qui vivaient dans les régions côtières, du Grand Nord au sud du fleuve Saint-Laurent. Il faut cependant attendre le XVe siècle pour que les progrès de la navigation associés à l'attrait des richesses de l'Orient relancent l'exploration de la façade atlantique du Canada par les Européens. Dès 1497, l'Angleterre, le Portugal, l'Espagne puis la France financent des voyages d'exploration qui ouvrent la voie à l'exploitation de pêcheries saisonnières sur les côtes de Terre-Neuve et du Labrador ainsi que dans le golfe du Saint-Laurent.

JACQUES CARTIER 1491 – 1557

Jacques Cartier

Le premier voyage de Jacques Cartier (1491-1557) en 1534 témoigne d'une nouvelle tentative de la France de trouver un passage vers l'Asie et de remplir les caisses du royaume. Parti de Saint-Malo, l'explorateur accoste en Gaspésie au mois de juillet et prend possession du territoire au nom du roi François Ier (1494-1547), en présence du chef iroquoïen Donnacona (?-v. 1539). Il entreprend deux autres périples, le premier en 1535-1536 où il est pour la première fois confronté aux rigueurs de l'hiver, et le second en 1541-1542 où il rentre précipitamment en France, croyant avoir trouvé de l'or et des diamants qui se révéleront être de la pyrite de fer et du quartz. Les voyages de Cartier contribuent à faire progresser la cartographie et la connaissance du territoire, du climat aux ressources naturelles en passant par les groupes autochtones rencontrés. Mais les retombées de ces voyages ne sont pas à la hauteur des attentes de la couronne française qui se désintéresse du Canada pendant un demi-siècle, alors que la France est ravagée par les guerres de religion. La pêche à la morue sur les bancs de Terre-Neuve, qui atteint son apogée aux XVIe et XVIIe siècles, permet toutefois de garder le contact avec le territoire canadien alors qu'un nouveau commerce prometteur apparaît : la traite des fourrures.

Les trois voyages de Jacques Cartier au Canada ont contribué à l'avancement de la connaissance et de la cartographie de la vallée du Saint-Laurent.

À partir du XVe siècle, des pionniers européens partis en quête de nouvelles richesses écrivent les premières pages de l'histoire du Canada et établissent de fragiles contacts avec ses premiers habitants.

La Nouvelle-France

Plus de cinquante ans après les voyages de Jacques Cartier, une « Nouvelle-France » voit le jour sur les rives du Saint-Laurent et connaît des débuts difficiles.

Nova Gallia

La première mention de la Nouvelle-France apparaît en latin sur une carte de 1529 réalisée par le frère de Giovanni da Verrazzano (v. 1485-v. 1528), qui explora les régions côtières du Canada au nom du roi de France dix ans avant le premier voyage de Jacques Cartier.

L'établissement de la colonie

La traite des fourrures avec les Autochtones donne l'impulsion à un début de colonisation par la France qui veut assurer une base durable à ce commerce lucratif. En 1608, trois ans après la fondation de Port-Royal en Acadie*, le géographe Samuel de Champlain (1567-1635) fonde l'« Abitation » de Québec. Concédée successivement à diverses compagnies marchandes qui doivent en assurer le peuplement, la colonie végète cependant, isolée six mois par an par la rigueur hivernale. En 1663, Louis XIV (1638-1715) et son ministre Colbert reprennent en main le destin de la Nouvelle-France qui devient une colonie royale. L'immigration est encouragée et une politique nataliste est implantée par le premier intendant Jean Talon (1625 ou 1626-1694). La rationalisation des terres, avec l'instauration du régime seigneurial* en 1627, favorise par ailleurs le développement de la colonie. Les seigneuries, concédées à des nobles, marchands et membres du clergé, sont cultivées par une population rurale qui prend lentement souche le long du Saint-Laurent et de ses affluents. À partir de 1663, l'agriculture s'intensifie et se diversifie, les rangs se multiplient et des bourgs apparaissent. L'éducation et la santé s'organisent sous le contrôle de l'Église catholique qui se donne également pour mission de convertir les « sauvages ». L'évangélisation participe aux visées expansionnistes de la France et l'idéal missionnaire est à l'origine, en 1642, de la fondation de Montréal, par Paul de Chomedey de Maisonneuve (1612-1676).

Les coureurs des bois

Jusqu'à la fin du régime français, l'activité économique la plus rentable demeure la traite des fourrures, en particulier celle de castor, très prisée par les chapeliers européens. Toutefois, à partir du milieu du XVIIe siècle, les nations autochtones alliées des Français, affaiblies par les attaques des Iroquois et les maladies, n'apportent plus les fourrures dans la vallée du Saint-Laurent. C'est le début de l'épopée des coureurs des bois* et des voyageurs mandatés par les compagnies marchandes qui partent troquer les pelleteries dans des avant-postes toujours plus reculés, repoussant les limites du territoire de la Nouvelle-France. Se déplaçant en canot et en raquettes, ces aventuriers font de nombreux emprunts aux cultures autochtones, qui contribuent à l'enrichissement de l'identité canadienne naissante.

L'esclavage

En 1734, Montréal brûle. L'esclave Marie-Joseph Angélique, accusée d'avoir mis le feu, est torturée puis pendue. Son histoire met en lumière l'esclavage des Autochtones et des Noirs qui existait en Nouvelle-France, et qui n'a été aboli qu'en 1834.

Rivalités franco-anglaises

La présence française en Amérique du Nord constitue une menace pour les ambitions territoriales et les objectifs commerciaux de l'empire britannique qui revendique le contrôle de la traite des fourrures avec la création de la Compagnie de la baie d'Hudson en 1670. Les rivalités européennes se transposent dans les colonies et les conflits armés se succèdent au cours du XVIIe siècle, entre Français et Anglais et entre leurs alliés autochtones respectifs. L'arrivée en Nouvelle-France en 1665 du régiment Carignan-Salières met un terme aux attaques meurtrières des Iroquois contre les colons et la Grande Paix de 1701 établit une paix définitive avec les cinq nations iroquoises. Au début du XVIIIe siècle, le territoire de la Nouvelle-France atteint son apogée, mais le traité d'Utrecht de 1713 oblige la France à céder la baie d'Hudson, Terre-Neuve et l'Acadie aux Anglais.

La Nouvelle-France connaît des débuts difficiles et se construit lentement, au XVIIe siècle, entre intérêts mercantilistes, utopisme missionnaire et vision expansionniste de la France.

Le régime anglais (1) : le Bas-Canada

De 1756 à 1763, la guerre de Sept Ans fait rage en Europe entre la France et l'Angleterre. Une fois de plus, le conflit se répercute en Nouvelle-France.

La Bataille des Plaines d'Abraham

Le 13 septembre 1759, quelques minutes suffisent à l'armée britannique du général Wolfe pour écraser les troupes de Montcalm. La bataille demeure un symbole du passage du régime français au régime anglais.

La Conquête

Pendant la guerre de Sept Ans, la Nouvelle-France fait face à des colonies anglaises vingt fois plus peuplées qu'elle. En 1759, la ville de Québec est assiégée et se rend en septembre à l'issue de la Bataille des Plaines d'Abraham (*voir* brève). La guerre prend fin un an plus tard, avec la capitulation de Montréal. Par le traité de Paris de 1763, la Nouvelle-France est officiellement cédée à l'Angleterre qui prend ainsi le contrôle de l'Amérique du Nord. La Proclamation royale régit la nouvelle *Province of Quebec*, dominée par une élite britannique qui contrôle l'administration et les affaires. Mais l'agitation gagne les colonies anglaises, et le roi George III (1738-1820) cherche à assimiler ses nouveaux sujets canadiens sans les pousser à la révolte. En 1774, l'adoption de l'Acte de Québec assouplit la législation en place : le droit civil français est rétabli et la religion catholique reconnue.

Un effort démocratique

Sous la pression des loyalistes* qui arrivent des États-Unis à partir de 1783 et qui refusent de se soumettre au droit civil français, Londres adopte en 1791 l'Acte constitutionnel, qui divise la *Province of Quebec* en deux colonies : le Haut-Canada, peuplé d'anglophones protestants soumis à la *Common Law*, et le

Bas-Canada, dominé par une majorité de francophones catholiques, qui reste régi par les lois civiles françaises. La nouvelle constitution introduit également le système parlementaire, qui constitue un premier pas vers la démocratie. Chaque colonie se dote d'une Chambre d'assemblée composée de députés élus par le peuple. Mais la couronne britannique continue de contrôler étroitement les lois adoptées par les députés, grâce à un droit de veto qu'elle exerce par l'intermédiaire d'un gouverneur qu'elle nomme elle-même.

Après la révolte

Les révoltes des Patriotes contribuent à faire naître un sentiment identitaire collectif et la certitude de former une société distincte, mais elles laissent une population désorientée qui adopte une position conservatrice pendant plusieurs décennies.

Les Patriotes

Au début du XIXe siècle, l'idéal démocratique et les revendications nationalistes qui se répandent en Europe gagnent l'Amérique, et des réformistes réclament de nouvelles libertés. Au Bas-Canada, une opinion publique émerge parmi la population francophone désireuse d'améliorer son sort. Relayée par les premiers journaux à grand tirage et les membres des professions libérales, elle se fait entendre jusque dans la Chambre d'assemblée. En 1834, Louis-Joseph Papineau (1786-1871), à la tête du Parti patriote, soumet à la couronne britannique quatre-vingt-douze résolutions adoptées par la Chambre d'assemblée qui réclame un régime plus démocratique et une plus grande autonomie politique. Londres s'y oppose trois ans plus tard, mais la grogne s'est répandue parmi la population qui subit une crise agricole. Si pour la plupart la voie constitutionnelle reste le meilleur moyen d'obtenir les changements désirés, certains membres et sympathisants du Parti patriote se radicalisent et appellent à la révolte. En 1837 et 1838, quelques milliers de Patriotes prennent les armes. À leur tête, Robert Nelson (1794-1873) proclame l'indépendance du Bas-Canada en 1838, mais la rébellion est rapidement et durement réprimée par les troupes britanniques. Des leaders sont exilés et douze d'entre eux sont pendus à Montréal en 1839.

La Conquête de la Nouvelle-France (1763) marque le début du régime anglais qui tente d'assimiler les Canadiens mais doit faire face aux révoltes des Patriotes.

Le régime anglais (2) : le Canada-Est

Entre essor industriel et réveil religieux, influences anglophones et identité francophone, la société du nouveau Canada-Est cherche sa propre voie de développement.

Le Canada-Uni

Mandaté par Londres pour enquêter sur l'état de ses colonies, Lord Durham (1792-1840) dépose en 1839 un rapport dans lequel il recommande l'union du Haut et du Bas-Canada, afin d'accélérer l'assimilation des Canadiens français. En 1841, le Parlement britannique promulgue l'Acte d'Union donnant naissance au Canada-Uni, dans lequel les Canadiens français ont désormais un statut minoritaire à la Chambre d'assemblée. Dirigés par Louis-Hippolyte La Fontaine (1807-1864), les réformistes français s'allient rapidement aux réformistes anglais de Robert Baldwin (1804-1858) et tentent de tirer le meilleur parti de la nouvelle constitution en termes de coutumes, de droits et de langue. En 1848, ils obtiennent finalement l'accord de la couronne britannique pour la constitution d'un « gouvernement responsable », composé de ministres élus au sein du parti majoritaire à la Chambre d'assemblée. Libéré de la tutelle britannique, l'Union peut désormais se prendre en main sur les plans politique et économique.

L'éducation

Sous le régime de l'Union est mis en place un système d'éducation et les commissions scolaires sont créées. En 1852, le Séminaire de Québec fonde l'université Laval, première université francophone en Amérique du Nord.

Une ère de transformations

L'Union favorise un essor économique basé sur des valeurs capitalistes et libérales qui profitent d'abord à une élite anglophone à la tête des affaires et des finances. Le pays connaît une première phase d'industrialisation stimulée par le développement des transports, en particulier le transport maritime et fluvial, ainsi que le chemin de fer qui fait son apparition dans les années 1840. L'économie se diversifie et s'oriente sur la transformation des matières premières qui alimentent les grands chantiers publics. Le commerce du bois, qui a progressivement remplacé la traite des fourrures, demeure la principale ressource économique de la colonie tout au long du XIXe siècle et alimente, avec le commerce du blé, l'import-export avec la Grande-Bretagne. Les premières banques apparaissent et l'industrie manufacturière prend son essor. Conséquence de l'industrialisation, l'urbanisation s'accélère, en particulier à Montréal, qui devient la métropole du Canada. Une nouvelle société émerge, basée sur la division du travail et caractérisée par une accentuation des différences socio-économiques qui placent la plupart des Canadiens français dans le bas de l'échelle sociale.

Marginalisation des Autochtones

Autrefois alliés militaires et partenaires commerciaux dans la traite des fourrures, les peuples autochtones deviennent progressivement, sous la pression de l'expansion industrielle et colonisatrice, un « problème social » à régler.

Une société conservatrice

Alors que l'on assiste dans le monde occidental à une montée du libéralisme politique et de la laïcité, la société canadienne française est le théâtre d'un réveil religieux à partir des années 1840. L'Église catholique canadienne se radicalise et son influence devient prépondérante dans toutes les sphères de la société, obligeant les élites politiques à composer avec elle. De nouvelles congrégations sont créées et des communautés religieuses arrivent de France pour prendre les commandes des services sociaux et du système d'éducation. À l'avant-poste de la colonisation, le clergé encourage les vocations agricoles et prône le repli dans les campagnes comme moyen de préservation identitaire. Vers 1870, l'Église catholique encadre environ 85 % de la population et domine la vie culturelle et les débats d'idées dans le Canada-Est.

L'Union marque la victoire des réformistes modérés et engage le Canada du XIXe siècle dans une ère de profonds changements, l'obligeant à composer avec le libéralisme naissant et le conservatisme religieux.

Le Québec dans la Confédération

Des quartiers ouvriers de Montréal aux confins des terres cultivées, la nouvelle province canadienne s'accroît et prospère.

La Confédération

L'instabilité ministérielle qui règne dans le Canada-Uni à partir des années 1850 traduit l'échec de l'assimilation des Canadiens français qui occupent une place significative sur l'échiquier politique, et pousse l'Union à se doter d'une nouvelle constitution. En 1867, l'Acte de l'Amérique du Nord britannique donne naissance à la Confédération canadienne qui comprend quatre provinces : le Québec, ancien Canada-Est, l'Ontario, ancien Canada-Ouest, le Nouveau-Brunswick et la Nouvelle-Écosse. Comme l'Union, la Confédération vise à perpétuer une colonie nord-américaine inspirée du conservatisme britannique. Si le Québec y adhère, il tient toutefois à conserver son caractère distinct. La répartition des pouvoirs entre le gouvernement fédéral et les provinces devient un enjeu identitaire pour les francophones dont le statut minoritaire s'est accentué. Le Québec obtient entre autres la responsabilité du droit civil, de l'éducation, de la santé, des questions reliées à la langue et à la religion. Mais ses pouvoirs restent limités et la Confédération est marquée dès le début par des tensions entre Québec et Ottawa.

Provinces et territoires

La Confédération canadienne s'est progressivement agrandie au fil du temps. Elle compte aujourd'hui dix provinces et trois territoires dont le dernier, le Nunavut, a vu le jour en 1999.

Migrations et nouvelles régions

La seconde moitié du XIXe siècle est marquée par d'importants mouvements migratoires favorisés par l'expansion du chemin de fer. L'arrivée d'immigrants anglais, écossais et surtout irlandais, amorcée avec la fin des guerres napoléoniennes, s'amplifie et contribue à l'expansion des quartiers ouvriers à Montréal, Québec et Trois-Rivières, qui drainent par ailleurs la population agricole. Dès les années 1850, les anglophones sont plus nombreux au Québec et l'Église pousse les francophones à la « revanche des berceaux ». Le fort taux de natalité engendré provoque cependant une surpopulation des campagnes qui contribue à un exode massif des francophones vers les États-Unis. Pour enrayer ce phénomène qui s'accélère après 1867, les élites francophones, appuyées par l'État et soutenues par l'Église, encouragent le peuplement de l'arrière-pays. De nouvelles régions se développent, mais les terres exploitées sont moins fertiles que dans la vallée du Saint-Laurent et la crise agricole amorcée dans les années 1830 perdure jusqu'au début du XXe siècle.

Louis Riel

À la fin du XIXe siècle, la lutte des Métis* francophones du Manitoba pour la reconnaissance de leurs droits se fait entendre jusqu'au Québec. À leur tête, Louis Riel, condamné à mort en 1885 au terme d'un procès expéditif, devient le symbole de la rivalité entre anglophones et francophones.

Explosion culturelle

L'arrivée d'immigrés d'origines diverses, l'essor des transports et des communications avec l'apparition du téléphone, ainsi que la scolarisation stimulent des changements culturels et un esprit d'ouverture dans la société québécoise de la fin du XIXe siècle, malgré l'influence toujours déterminante de l'Église. Si les villes offrent avant tout des emplois, elles deviennent aussi attractives par les services et les distractions qu'elles proposent. À partir des années 1870, une industrie du loisir fait son apparition, qui attire les foules par des produits de plus en plus diversifiés. Parcs d'attractions et rassemblements sportifs, musées, cirques, spectacles de variétés et journaux à grands tirages ouvrent un nouveau marché. Les années 1890 sont marquées par les débuts du cinéma qui traduit la naissance d'une culture populaire d'inspiration américaine, tandis que le tourisme et la villégiature remportent leurs premiers succès auprès de la bourgeoisie. Entre influences francophone et anglophone, une culture québécoise prend son élan et se trace une voie bien à elle.

Alors que le Québec entre, en 1867, dans la Confédération canadienne, les villes continuent de se développer et de nouvelles régions se créent sous la pression démographique.

L'entrée dans le XXᵉ siècle

Caisses populaires

En 1900, Alphonse Desjardins (1854-1920) fonde les Caisses populaires d'épargne et de crédit qui agissent comme des leviers de développement dans les campagnes puis dans les villes, et contribuent à l'émancipation économique des Canadiens français.

Première auteure-compositeure-interprète du Québec, Mary Travers dite « La Bolduc » a connu le succès dans les années 1920-1930 grâce à ses chansons populaires au ton humoristique et enjoué.

Dans une société désormais majoritairement urbaine et très inégalitaire, des voix s'élèvent au nom du progrès.

L'essor industriel

Au tournant du XXᵉ siècle, le Québec connaît une période de prospérité sans précédent avec l'émergence de nouveaux secteurs industriels basés sur l'exploitation de ses ressources naturelles. L'hydroélectricité, les pâtes et papiers, les mines et les industries chimiques bénéficient de technologies de pointe et de capitaux provenant majoritairement des États-Unis, qui renforcent l'ancrage de l'économie québécoise sur le marché nord-américain. Parallèlement, le secteur des transports connaît une nouvelle révolution : l'apparition de l'automobile qui, avec les tramways, contribue à l'urbanisation galopante.

Conditions de vie

En 1921, la majorité des Canadiens français vivent dans les villes, en particulier à Montréal dont le visage multiethnique se diversifie. Dans les quartiers populaires, les conditions de vie s'améliorent progressivement, avec la modernisation des logements et les campagnes hygiénistes. La vaccination fait reculer la mortalité infantile mais les épidémies font encore des ravages dans les quartiers populaires qui souffrent de promiscuité. Malgré la conjoncture favorable, les salaires demeurent également extrêmement bas dans les usines où l'exploitation des femmes et des enfants est chose courante.

Prises de parole

Profitant du contexte économique favorable, le syndicalisme se développe considérablement et le recours à la grève devient fréquent pour revendiquer des conditions de travail décentes. Si, au XIXe siècle, le clergé se méfie des premières associations ouvrières laïques et américaines qui naissent sous la pression d'un capitalisme brutal, il finit par encourager la création d'un syndicalisme catholique au début du XXe siècle. À la même période, des femmes issues des milieux aisés et de la classe moyenne naissante se font les porte-parole des organisations féministes nées à la fin du XIXe siècle. Elles revendiquent le droit d'accès à l'éducation supérieure, un statut légal et le droit de vote. Ce dernier leur est finalement accordé par le gouvernement fédéral en 1918, mais il faut attendre 1940 pour que le Québec, encore fortement sous l'influence conservatrice du clergé, l'adopte à son tour.

« Nés pour un petit pain »

Jusque dans les années 1960, la plupart des Canadiens français, moins scolarisés que les anglophones et influencés par le discours conservateur de l'Église, occupent le bas de l'échelle socio-économique. On les dit alors « nés pour un petit pain ».

Idéologies

Le début du siècle est le théâtre d'affrontements idéologiques dominés par le libéralisme, qui jouit d'une popularité grandissante, et le clérico-nationalisme, qui demeure très influent. Alors que le libéralisme défend les bienfaits du progrès matériel qui doit passer par l'industrialisation et la modernisation, le clérico-nationalisme prône un conservatisme basé sur les valeurs traditionnelles telles que la famille, la religion catholique et la vie rurale. Critiquant ces deux courants de pensée, un nouveau mouvement nationaliste voit le jour, dirigé par Henri Bourassa (1868-1952), qui dénonce l'impérialisme britannique et la conscription lors de la Première Guerre mondiale. Contrairement aux anglophones, les Canadiens français refusent de participer obligatoirement à l'effort de guerre. Des émeutes éclatent en 1918 et la crise de la conscription ravive les divergences profondes entre francophones et anglophones.

L'entrée dans le XXe siècle est synonyme de prospérité pour le Québec tandis que syndicalisme, féminisme et libéralisme s'affirment progressivement.

Crise, guerre et prospérité

1929 : crise économique.
1959 : fin de l'ère Duplessis.
Trente ans de périodes sombres mais aussi de prospérité pour le Québec.

État-providence

En instaurant l'assurance chômage en 1940 ou encore les allocations familiales en 1945, le gouvernement fédéral entend être le maître d'œuvre de l'État-providence, politique que le Québec reprendra à son compte dans les années 1960.

La crise

L'onde de choc de la crise boursière de 1929 aux États-Unis atteint rapidement le Canada, et plonge le Québec dans une période de récession sans précédent. La chute des exportations de matières premières, en particulier vers les États-Unis, provoque un ralentissement industriel et une réaction en chaîne affectant tous les secteurs économiques. Le chômage touche 30 % de la population active en 1933 et oblige pour la première fois les municipalités et le gouvernement provincial à mettre sur pied des programmes d'aide sociale généralisée pour contrer la misère et éviter l'agitation politique. Les mesures s'avèrent cependant insuffisantes et nécessitent, malgré l'opposition des partisans à l'autonomie provinciale, le soutien financier du gouvernement fédéral qui y voit une occasion d'accroître son contrôle dans les domaines social et économique, jetant ainsi les bases de l'État-providence* (*voir* brève).

La guerre

L'entrée en guerre du Canada contre l'Allemagne en 1939 donne un nouveau souffle à l'économie québécoise qui se consacre à l'effort de guerre. Toutes les ressources sont mobilisées pour fournir à l'Angleterre nourriture, vêtements et armement. Le plein emploi est rapidement atteint, alors que les conditions de travail s'améliorent et que les femmes occupent une place prépondérante parmi les salariés. Cette relance économique s'accompagne d'une série de rattrapages politiques et sociaux :

le droit de vote des femmes, un code du travail, la scolarisation obligatoire, la création d'un ministère du Bien-Être social et la nationalisation partielle des ressources hydroélectriques avec la création d'Hydro-Québec*. Cependant, comme en 1917, la conscription provoque de nouvelles frictions entre les anglophones, favorables à l'enrôlement obligatoire, et les francophones qui y sont majoritairement opposés.

La prospérité

Avec la fin de la guerre, le Québec entre dans une longue et intense période de croissance à la fois économique et sociale. Le faible taux de chômage et le fort pouvoir d'achat stimulent la consommation de masse naissante sur le modèle américain, favorisée par ailleurs par l'explosion démographique due à la reprise de l'immigration mais surtout au baby-boom. Les villes connaissent une nouvelle phase d'expansion qui se traduit par le développement des banlieues. Le cinéma, la radio et la télévision qui gagne la majorité des ménages dans les années 1950, deviennent les véhicules privilégiés de l'*American Way of Life*.

Le Québec et Duplessis

De 1944 à 1959, le Québec est marqué par le gouvernement de Maurice Duplessis (1890-1959), qui se veut traditionaliste et progressiste à la fois. Figure paternaliste et autoritaire, Duplessis met en place un système basé sur le favoritisme, qui reste associé pour certains à une période de « grande noirceur », mais qui se définit avant tout par les ambivalences sur lesquelles il assoit sa popularité. Favorable à l'essor industriel et aux investissements étrangers, il affiche par ailleurs un nationalisme conservateur basé sur la religion catholique et la langue française. Dans le domaine social et l'éducation, le Québec prend du retard, tandis que toutes les voix contestataires, des syndicats aux intellectuels en passant par les artistes signataires du manifeste Refus global (*voir* pp. 34-35), sont durement réprimées.

Orphelins de Duplessis

Sous Duplessis, des milliers d'orphelins sont faussement déclarés malades mentaux et internés dans des asiles pour des raisons économiques. Leur sombre histoire éclate au grand jour dans les années 1990, bouleversant la société québécoise.

Au sortir de la Seconde Guerre mondiale, qui met un terme à la crise économique, le Québec connaît une longue période de prospérité et de conservatisme politique.

La Révolution tranquille

L'arrivée au pouvoir en 1960 du libéral Jean Lesage et de son « équipe du tonnerre » provoque une réorientation profonde de la société québécoise qui entre dans sa Révolution tranquille.

Un vent de transformations

À l'image de l'effervescence qui s'empare des pays occidentaux dans les années 1960 et 1970, le Québec connaît un vaste mouvement d'émancipation et de remise en question des valeurs traditionnelles, dont les artistes québécois se font l'écho. La tradition et la religion catholique laissent la place aux valeurs modernes de la société de consommation à l'américaine tandis que l'influence du clergé, jusqu'alors moteur des services sociaux et pilier de l'éducation, décline rapidement. La télévision permet l'ouverture sur le monde et joue le rôle de miroir identitaire chez les francophones qui se reconnaissent non plus comme des Canadiens français mais comme des Québécois. Expo 67*, la visite du général de Gaulle (*voir* brève) et les Jeux olympiques de 1976 sont autant d'événements qui contribuent à l'affirmation du « nous » québécois, face au reste du Canada et sur la scène internationale.

Revendications

Le pluralisme de pensée qu'apporte la Révolution tranquille favorise les revendications. Le syndicalisme et le féminisme modifient les contours de la société tandis que les nationalismes autochtones et le mouvement indépendantiste québécois émergent.

L'État-providence

Profitant de la vague de prospérité et en réponse à la pression des baby-boomers* qui arrivent massivement sur le marché du travail, l'État québécois entreprend de moderniser les institutions, enchaîne les réformes et multiplie les actions sur plusieurs fronts. Sur le modèle de l'État-providence* qui s'affirme dans le reste du Canada, le gouvernement du Québec occupe désormais une place prépondérante dans la société, en tant que levier économique et régulateur social. La nationalisation de l'hydroélectricité entre dans sa deuxième phase en 1963, faisant d'Hydro-Québec* le principal fournisseur d'électricité au Québec. Les grands chantiers publics (barrages hydroélectriques, métro de Montréal, infrastructures routières) deviennent le fer de lance des interventions étatiques. L'État encourage la reprise en main de l'économie par les francophones qui se lancent avec succès dans l'entrepreneuriat grâce au soutien financier de sociétés d'État. La fonction publique en pleine expansion devient par ailleurs le premier employeur des francophones qui forment la nouvelle classe moyenne. L'accès à de meilleurs emplois est favorisé par la restructuration du système d'enseignement avec la création de Cégeps* et de l'université du Québec qui délivrent des programmes standardisés, gérés par le nouveau ministère de l'Éducation. Les années 1970 voient également apparaître le système public de santé, avec la création de l'Assurance maladie et des Centres locaux de services communautaires (CLSC). Les classes défavorisées bénéficient par ailleurs de la mise en place de divers programmes sociaux à grande échelle visant l'intégration de tous dans la société active et de consommation.

L'héritage de la Révolution tranquille

Si la Révolution tranquille a marqué l'imaginaire des Québécois comme une période exaltante de reprise en main de leur destinée collective et a permis de grands pas en avant, elle reste avant tout associée à la politique interventionniste de l'État dont le bilan, avec le recul, paraît toutefois plus nuancé. Avec la crise du pétrole des années 1970 et la récession économique des années 1980, le gouvernement québécois endetté et à court de ressources doit se résoudre à augmenter les taxes et les impôts tout en réduisant les services publics, laissant une société en perte de vitesse.

« Vive le Québec libre ! »

Cette déclaration du général de Gaulle, prononcée en 1967 à Montréal au terme d'un discours improvisé, provoque l'enthousiasme des nationalistes et offre au Québec une visibilité sur la scène internationale.

De 1959 à 1968, la Révolution tranquille réoriente l'organisation et les valeurs sociétales québécoises. L'État en est le principal acteur et agit sur deux fronts à la fois : la modernisation politique et la promotion nationale des francophones.

La question nationale

Souverainisme ou fédéralisme ? Durant trois décennies, ces deux visions s'affrontent par le biais d'habiles campagnes de séduction politique.

La Crise d'octobre

En octobre 1970, le Front de libération du Québec (FLQ), un groupuscule terroriste actif depuis 1963, enlève un diplomate britannique et le ministre québécois Pierre Laporte est assassiné, laissant le Québec sous le choc.

Du nationalisme au souverainisme

La question nationale, qui s'est redéfinie à chaque époque, est demeurée une constante dans l'histoire du Québec. Si l'idée d'indépendance émerge du mouvement patriote au XIXe siècle, il faut cependant attendre les années 1960 pour qu'un nouveau nationalisme québécois prenne forme. Favorisés par la Révolution tranquille (*voir* pp. 20-21), plusieurs partis politiques indépendantistes voient le jour, s'exprimant par la voix démocratique, mais aussi parfois dans la violence, qui culmine avec la Crise d'octobre en 1970 (*voir* brève). La reconnaissance en tant que société distincte, la liberté de l'État québécois d'agir comme maître d'œuvre de l'avenir du Québec, ainsi que la primauté de la langue française sont au cœur des revendications souverainistes* portées, à partir de 1968, par le Parti québécois fondé par René Lévesque (1922-1987).

Les référendums

En 1976, le parti de René Lévesque remporte les élections. Multipliant les réformes, il s'applique à la gestion des fonds publics avant de déposer son projet de souveraineté, assorti d'une association politique et économique avec le Canada, qu'il soumet aux Québécois par référendum le 20 mai 1980. La crainte de l'insécurité économique qui découlerait d'un changement constitutionnel, ajoutée à la confusion des discours, provoque l'échec de la campagne : le projet est rejeté à 59,5 % des voix. Après neuf années de gouvernement libéral, la machine référendaire se remet en marche avec le retour au pouvoir en 1994 du Parti québécois. À sa tête, Jacques Parizeau (né en 1930) propose rapidement un nouveau projet de souveraineté plus clair, associé au partage de certaines responsabilités avec le Canada. Le 30 octobre 1995, partisans souverainistes et fédéralistes se retrouvent nez à nez, mais les seconds l'emportent de peu avec 50,6 % en faveur du non. Après avoir accusé « *l'argent et des votes ethniques* » d'être responsables de cet échec, Jacques Parizeau démissionne de son poste de Premier ministre, laissant une société divisée dans laquelle s'installe une certaine lassitude politique.

Le Bloc québécois

En réaction à l'échec de l'accord du lac Meech, un nouveau parti voit le jour au parlement canadien en 1990. Destiné à promouvoir la souveraineté, le Bloc québécois défend les intérêts des Québécois sur la scène politique fédérale.

Le bras de fer constitutionnel

Les campagnes référendaires provoquent de vives tensions entre Québec et Ottawa, incarnées jusqu'en 1984 par l'affrontement entre deux Québécois : René Lévesque, alors Premier ministre du Québec, et Pierre-Elliott Trudeau (1919-2000), Premier ministre du Canada, qui n'a de cesse de se battre pour l'unité canadienne et refuse tout compromis qui pourrait conférer des pouvoirs spéciaux à une province. En 1982, Pierre-Elliott Trudeau obtient le rapatriement de Londres de la Constitution canadienne et fait adopter une nouvelle constitution que le Québec, à qui l'on refuse un droit de veto sur les décisions fédérales, refuse de signer. Dans les années 1990, le gouvernement fédéral, dirigé par le conservateur québécois Brian Mulroney, tente de réinsérer le Québec dans l'ensemble canadien tout en lui reconnaissant un statut de société distincte. L'accord du lac Meech en 1990 et l'accord de Charlottetown deux ans plus tard se soldent toutefois par un échec, laissant le Québec dans une situation juridique ambiguë non résolue aujourd'hui encore.

Des années 1970 à 1990, la question de l'indépendance du Québec occupe le devant de la scène politique et place la Confédération canadienne au cœur d'un intense débat constitutionnel.

Les questions autochtones

Dans la foulée de la Révolution tranquille, la montée des nationalismes autochtones marque l'entrée dans une nouvelle ère de négociations politiques avec le gouvernement du Québec.

Intérieur du pavillon des États-Unis de l'exposition universelle de Montréal en 1967.

Nationalismes

À partir des années 1960, des voix autochtones s'élèvent, tandis que le contexte international est favorable à la reconnaissance des droits de ces peuples et qu'un mouvement d'émancipation amérindien né aux États-Unis se répand au Canada. Expo 67* à Montréal offre par ailleurs l'occasion aux Autochtones d'afficher une fierté retrouvée aux yeux du grand public et du monde. En 1969, le gouvernement québécois leur accorde enfin le droit de vote. Les Autochtones se font de plus en plus présents sur la scène politique. Des organisations nationales, telles que l'Assemblée des Premières Nations, voient le jour et deviennent des interlocuteurs incontournables dans les relations avec Québec et Ottawa. Après deux siècles de mise sous tutelle et de confinement sur des réserves*, les Premières Nations revendiquent plus que jamais leurs droits et territoires ancestraux.

Reconnaissance

En 1985, le gouvernement du Québec adopte une motion portant sur la reconnaissance des droits des Autochtones « *à leur culture, à leur langue, à leurs coutumes et traditions, ainsi que le droit d'orienter* [eux-]*mêmes le développement de cette identité propre* ».

Négociations

Les années 1960 marquent le début des relations politiques entre le gouvernement du Québec et les peuples autochtones. En 1975 est signée la Convention de la Baie-James et du Nord québécois, qui accorde aux Cris et aux Inuits une compensation financière de 225 millions de dollars canadiens dans le cadre du projet de développement hydroélectrique de la baie James. Cette entente historique inaugure une série de négociations pour la reconnaissance des droits ancestraux. La Convention du Nord-Est québécois est signée avec les Naskapis en 1978 et dès la fin des années 1970, des négociations territoriales sont engagées avec d'autres nations, notamment les Innus et les Atikamekw. En 2002, le Premier ministre québécois Bernard Landry et le grand chef du Conseil des Cris, Ted Moses, signent la Paix des braves, une nouvelle entente de développement économique dans le cadre de l'aménagement du complexe hydroélectrique Rupert-Eastmain. La même année, le gouvernement du Québec signe une entente de partenariat avec les Inuits.

Commission royale

Dans le rapport de la Commission royale sur les peuples autochtones de 1996, le gouvernement fédéral fait son *mea culpa* et recommande de « *laisser les Autochtones exercer leur autonomie et élaborer leurs propres solutions* ».

Tensions

La lenteur des pourparlers avec les gouvernements fédéral et provincial et la non-reconnaissance de certains droits, notamment territoriaux, engendrent cependant d'importantes frustrations qui éclatent au grand jour en 1990 avec la crise d'Oka. S'opposant à l'aménagement d'un terrain de golf à Oka sur un cimetière traditionnel, les Mohawks érigent des barricades et bloquent le pont Mercier au sud de Montréal, faisant face pendant plusieurs mois aux forces armées. Les retombées de la crise sont importantes : outre la visibilité qu'elle donne aux peuples autochtones sur la scène internationale, elle attise aussi, et pour longtemps, les tensions au sein de la population québécoise à travers une image déformée de la réalité autochtone. La crise provoque par ailleurs la mise sur pied de la Commission royale sur les peuples autochtones qui aboutit à la publication d'un volumineux rapport en 1996. Mais malgré les objectifs visés pour enrayer la pauvreté dans les communautés, les retombées ne sont pas à la hauteur des espoirs et alors que le Québec entre dans le XXIe siècle, le fossé socio-économique entre les Autochtones et le reste de la population reste à combler.

À partir des années 1970, les peuples autochtones, qui connaissent des conditions socio-économiques précaires, revendiquent leurs droits territoriaux et ancestraux sur la scène politique avec plus ou moins de succès.

Être québécois

Les hommes et les femmes qui font le Québec, des descendants des premiers colons aux nouveaux immigrants, sont les artisans d'un « vivre ensemble » en constante évolution.

Je me souviens

Figurant sur les plaques d'immatriculation depuis 1978, la devise « Je me souviens » fait toujours l'objet de spéculations quant à sa signification précise, mais serait une invitation à se remémorer l'histoire du Québec.

Qu'est-ce qu'être québécois ?

Linguistique, historique, culturelle, territoriale ou politique selon les points de vue et les époques, l'identité québécoise est multidimensionnelle et fait majoritairement référence à un « nous » francophone et catholique. Affichant leur opposition au cousinage français tout en étant fortement attachés à la culture française, critiquant les États-Unis qui sont par ailleurs leur principal partenaire commercial, et refusant de s'identifier comme Canadiens au risque de trahir leurs convictions souverainistes*, les Québécois « de souche » se définissent avant tout par leurs ambivalences. Canadiens sous le régime anglais puis Canadiens français jusque dans les années 1960, les Québécois francophones se sont forgé une identité métissée au carrefour d'influences françaises, anglaises, américaines et autochtones. Depuis les années 1990, de plus en plus de Québécois revendiquent une ascendance autochtone, tandis que la politique active d'immigration provoque une évolution et une redéfinition permanentes de la société, révélant son caractère particulièrement ouvert et accueillant. Car pour nombre d'immigrants et de néo-Québécois*, qu'ils soient francophones ou anglophones, être québécois, c'est avant tout la certitude de pouvoir dire : « Je suis ici chez moi. »

Terre d'accueil et de démocratie

Pluraliste et démocratique, le Québec est une terre d'accueil qui s'est construite au fil des vagues successives d'immigration, des premiers nomades autochtones aux néo-Québécois d'aujourd'hui. Le multiculturalisme y est à l'honneur : la province compte aujourd'hui une centaine de communautés culturelles représentant 10 % de la population, majoritairement installées dans la région du Grand Montréal. Environ 80 % de la population québécoise possède le français comme langue maternelle et 8 % l'anglais. La très grande majorité, soit plus de 83 %, est de confession catholique, les chrétiens non catholiques représentant près de 7 % et les autres minorités religieuses, principalement musulmane, juive ou bouddhiste, près de 4 %. Adoptée par l'Assemblée nationale du Québec en 1975, la Charte des droits et libertés de la personne, qui vise à harmoniser les relations entre les citoyens dans le respect des valeurs démocratiques fondamentales, demeure le point de ralliement des Québécois « de souche » comme des nouveaux arrivants.

Caractère

Positif, ouvert d'esprit et conciliant, le Québécois est un pragmatique qui ne connaît pas les classes sociales et vit à l'heure de l'égalité des sexes. Individualiste mais festif, cordial mais dur en affaires, il est avant tout un Nord-Américain... parlant français.

Le Québec au féminin

Les femmes ont joué un rôle majeur dans l'histoire de la Belle Province. Pionnières, « Filles du Roy* », mères de familles nombreuses jusqu'au milieu du XXe siècle, elles ont participé activement à l'effort de guerre et contribué à l'avant-gardisme social du Québec. L'envol du mouvement féministe dans les années 1970 a profondément modifié les rapports sociaux et a progressivement permis aux femmes d'obtenir une reconnaissance juridique, jusqu'à la loi sur l'équité salariale adoptée en 1996. Bien qu'étant la dernière province canadienne à avoir accordé le droit de vote aux femmes en 1940, le Québec est devenu une société qui se décline désormais au féminin. Ministres, juges, auteures, ingénieures, entrepreneures, docteures ou mécaniciennes, les Québécoises d'aujourd'hui, si elles font peu d'enfants, contribuent professionnellement à l'avenir d'une société qui ne parle plus des droits de l'homme, mais des droits de la personne.

Peuple à l'identité complexe et multiple, pétri d'histoire et en évolution permanente, les Québécois se définissent avant tout par les valeurs de la société qu'ils créent, une société accueillante et égalitaire où chacun peut vivre libre et en paix.

Francophones d'Amérique

Berceau de la francophonie en Amérique du Nord, le Québec compte quelque six millions d'habitants de langue maternelle française sur un continent peuplé de plus de deux cent cinquante millions d'anglophones.

La loi 101

Promulguée en 1977, la loi 101 modifie le paysage linguistique du Québec, en rendant notamment obligatoire l'affichage public en français, ce qui provoque une vague de contestations dans le milieu anglophone et exacerbe le débat souverainiste*.

La langue

Élément central de l'identité collective québécoise, le français en usage au Québec a acquis depuis le XVIIe siècle un caractère spécifique. Le français importé par les premiers colons s'est adapté aux réalités géographiques et sociologiques des différentes époques, s'enrichissant de mots d'origine autochtone et empruntant largement à l'anglais, pour finalement devenir un français d'Amérique à l'accent unique qui revendique sa distinction avec une fierté renouvelée depuis les années 1960. Mais l'insécurité linguistique reste forte et le français est régulièrement au cœur de débats et de polémiques qui agitent la province, tels qu'en témoignent les États généraux sur la langue française de 2001. Investi d'un devoir de vigilance pour assurer la pérennité du fait français sur son territoire, le gouvernement québécois a promulgué plusieurs lois linguistiques successives depuis les années 1960, dont la plus connue est la Charte de la langue française, ou loi 101, qui définit le français comme seule langue officielle au Québec (*voir* brève).

Une culture qui rayonne

Fer de lance de l'affirmation identitaire québécoise, la culture a permis au Québec de se positionner comme société distincte au sein du Canada et d'un continent anglophone. Avant le XIXe siècle, le patrimoine canadien français repose déjà sur une riche culture populaire orale, située au carrefour des influences française, anglaise et autochtones, ainsi que sur une architecture et des traditions vestimentaires qui lui sont propres. Mais c'est au XXe siècle que se définit une véritable culture collective unitaire dans laquelle se reconnaissent les Québécois à travers la radio et la télévision. À partir de la Révolution tranquille (*voir* pp. 20-21), le Québec s'ouvre au monde, aux influences venues d'ailleurs. Ses productions culturelles se diversifient et se démarquent sur la scène internationale par leur créativité, et leur caractère innovateur et audacieux. Littérature (*voir* pp. 30-31), musique, théâtre, danse, cirque (*voir* pp. 32-33), arts visuels et cinéma (*voir* pp. 34-35) sont aujourd'hui les ambassadeurs d'une culture qui s'exporte avec succès. Motivée par la sauvegarde de la langue française, elle s'enrichit constamment de nouvelles sensibilités issues des communautés culturelles qui contribuent à sa diversité et son universalité.

Emprunts

À partir du XIXe siècle, les anglicismes se multiplient dans le langage courant et apparaissent une multitude de traductions littérales telles que « prendre une marche » (faire une promenade) ou « tomber en amour » (tomber amoureux), qui contribuent au caractère distinctif du français québécois.

Québec-France

Complexes et souvent ambivalents, les liens entre le Québec et la France s'inscrivent dans un dialogue qui a longtemps été entrecoupé de silence. Si la survie et le développement de la francophonie en Amérique se sont faits sans le support de la France, le Québec a développé, en particulier depuis les années 1960, des liens privilégiés avec l'Hexagone qui est devenu son principal partenaire, au sein de la francophonie, dans les domaines de la diplomatie, de la coopération, de l'économie, du savoir et de la culture. Sous l'impulsion de ses artistes et de ses écrivains, le Québec s'est tourné progressivement vers la France, tandis que les Français ont appris à connaître le Québec, donnant lieu à une influence culturelle réciproque. À la force d'attachement des Québécois à leurs origines françaises, qui font l'objet de recherches généalogiques passionnées, répond la fascination des immigrants français pour cette Amérique avec laquelle ils partagent une langue commune.

D'hier à aujourd'hui, le Québec s'est construit et rayonne grâce à la langue française, dont la sauvegarde demeure une préoccupation permanente.

De l'oral à l'écrit

Des « quêteux » (mendiants) colporteurs de récits fantastiques aux romanciers contemporains, les Québécois ont fait de leur langue un art.

Oralité

Véritable étendard de la culture québécoise, la langue française, avant d'être écrite, s'est inscrite dans une tradition orale, contée et chantée, remontant aux premiers temps de la Nouvelle-France. Au cœur des veillées populaires, elle a nourri l'imaginaire des Canadiens français et donné naissance aux mythes fondateurs d'un peuple qui s'est découvert la passion de raconter. Des légendes traditionnelles, imprégnées d'amérindianité, aux légendes urbaines, le patrimoine oral québécois, riche de quelque dix mille récits, a traversé le temps, évoluant au fil des époques. L'apparition de la radio dans les années 1920 et la démocratisation de la télévision dans les années 1950 ont contribué à l'apparition d'une nouvelle oralité, notamment par le biais des populaires feuilletons radiodiffusés et des « téléromans » (séries télévisées). Les années 1970, portées par le regain d'intérêt que manifeste la jeunesse québécoise pour le répertoire traditionnel, amorcent le retour de l'oralité comme art de la scène. Avec le Festival international du conte du Québec et de nombreux autres rendez-vous culturels régionaux, la tradition du conte se poursuit aujourd'hui encore, par la bouche de conteurs professionnels tels que Jocelyn Bérubé, Michel Faubert ou Fred Pellerin, auxquels s'ajoutent de plus en plus de voix francophones étrangères. Dans le sillage de La Bottine Souriante apparaissent également dans les années 1990 des groupes tels que La Volée d'Castors ou Mes Aïeux qui revendiquent une musique traditionnelle renouvelée

La Chasse-Galerie

Célèbre légende québécoise, la Chasse-Galerie serait une adaptation d'un vieux récit originaire du Poitou relatant l'histoire du sieur de Gallery, chasseur et mécréant, condamné à errer dans le ciel pour s'être adonné à la chasse à courre un dimanche.

et vivante faisant écho au folklore d'ici et d'ailleurs. Lu, conté ou chanté, poétique ou humoristique, le texte « performé » (mis en scène) est aujourd'hui prétexte à des rencontres artistiques interdisciplinaires qui témoignent du désir des Québécois, plus vivant que jamais, de se dire.

Littérature

Le XIXe siècle marque l'apparition de la littérature canadienne française. Nouvelles, poèmes et essais courts sont d'abord publiés dans les journaux francophones tels que *La Gazette littéraire de Montréal* et *Le Canadien*. Les premiers écrits s'inscrivent dans un courant patriotique dépeignant une société rurale, basée sur les valeurs familiales et la religion catholique. Les romans du terroir tels que *Maria Chapdelaine* (1913), écrit par le Français Louis Hémon, *Menaud, maître draveur* (1937), *Trente arpents* (1938) ou *Le Survenant* (1945) dominent la scène littéraire jusque dans les années 1940. Apparaît alors une nouvelle littérature, traçant un portrait réaliste et critique de la société moderne, par la plume de Gabrielle Roy (*Bonheur d'occasion*, 1945) et Roger Lemelin (*Les Plouffe*, 1948) qui ouvrent la voie à d'autres générations d'écrivains puisant majoritairement leur inspiration dans l'urbanité qui les entoure. Avec la Révolution tranquille (*voir* pp. 20-21), la littérature innove et provoque, se diversifie et se féminise, se spécialise pour la jeunesse et revendique par ailleurs la spécificité de sa langue par l'usage du joual*. Une véritable industrie du livre se développe, les auteurs se multiplient et le secteur connaît ses premiers grands succès commerciaux dans les années 1980 avec *Le Matou* ou *Les Filles de Caleb*. Avec plus de mille nouveaux titres chaque année, la littérature québécoise est aujourd'hui portée par de nouveaux talents, québécois, autochtones, néo-québécois* originaires de la Chine, du Brésil ou d'Haïti, qui contribuent à son rayonnement.

Poésie

La poésie, qui prend son envol au XIXe siècle, est marquée par de grandes plumes : Émile Nelligan, le poète maudit, ou Gaston Miron, auteur de *L'Homme rapaillé* et cofondateur en 1953 de l'Hexagone, la première maison d'édition de poésie québécoise.

Enracinée dans la tradition orale des débuts de la colonie, la langue québécoise a donné naissance à des chefs-d'œuvre de la littérature depuis le XIXe siècle.

Le Québec en scène

Auteurs, compositeurs, chanteurs, metteurs en scène, comédiens, danseurs ou humoristes... les artistes québécois s'illustrent sur la scène québécoise comme internationale.

Musique et chanson

Classique, jazz, sacrée, celtique, actuelle, francophone ou internationale, la musique est la grande vedette des festivals québécois. La chanson populaire a particulièrement contribué au rayonnement de la culture québécoise à l'étranger. Des chansonniers des années 1960, tels que Félix Leclerc et Gilles Vigneault, aux vedettes des opéras-rock de Luc Plamondon, *Starmania* et *Notre-Dame de Paris*, des « boîtes à chansons* » au spectacle de Céline Dion à Las Vegas, la chanson populaire a su garder sa poésie particulière et son caractère parfois engagé, tout en épousant les accents modernes issus de la mondialisation. Parallèlement, le Québec a trouvé sa place dans le monde de la musique classique, avec des formations de renom comme l'Orchestre symphonique de Québec, la plus ancienne formation symphonique au Canada créée en 1902, ou l'Orchestre symphonique de Montréal, dirigé depuis 2006 par Kent Nagano.

Radio

La radio québécoise, qui a fait ses débuts dans les années 1920-1930 avec la création de CKAC et de Radio-Canada*, soutient activement la chanson francophone et favorise l'émergence de nouveaux talents, auteurs, compositeurs et interprètes.

Du théâtre à l'humour

Burlesque dans les années 1940 avec *Tit-Coq* de Gratien Gélinas, populaire dans les années 1960 avec *Les Belles-Sœurs* de Michel Tremblay, le théâtre québécois est aujourd'hui résolument moderne, multimédiatique voire expérimental. Quelque trois cents compagnies, parmi lesquelles le Théâtre du Nouveau Monde, la Compagnie Jean Duceppe, le Théâtre d'Aujourd'hui ou Ex Machina revisitent les classiques, mettent en scène des créations contemporaines pour des publics de tous âges, et se font connaître à l'étranger. Avec le Théâtre de la Ligue nationale d'improvisation, dont le concept a été adapté en Europe, le Québec

Cirque citoyen

Les arts du cirque comme moyen de réinsertion sociale ? Les ateliers d'acrobaties et de jonglerie offerts par le Cirque du Soleil aux jeunes défavorisés à travers le monde illustrent l'engagement social de nombre d'artistes québécois.

se démarque également par l'humour, mis à l'honneur avec le festival Juste pour rire qui a accueilli en 2007 plus de deux millions de visiteurs à Montréal.

Les productions du Cirque du Soleil, telles que Saltimbanco, Alegría, Varekai, Corteo, « O », La Nouba ou encore KÀ, contribuent depuis les années 1990 au rayonnement du Québec à l'étranger.

Danse

Avec plus de quatre-vingts productions en 2005, le Québec est un foyer de création en danse contemporaine particulièrement dynamique où se côtoient troupes prestigieuses et avant-gardistes telles que les Ballets Jazz de Montréal, La La La Human Steps, O Vertigo, sans oublier les Grands Ballets canadiens qui se produisent chaque été devant le public montréalais sur la scène extérieure du Théâtre de Verdure. Depuis les années 1980, Montréal est reconnue à l'étranger pour la qualité de ses créations et le talent de sa relève, en particulier grâce à l'apport artistique de chorégraphes et danseurs de réputation internationale comme Marie Chouinard, Margie Gillis ou José Navas.

Cirque

Depuis la fondation de l'École nationale de cirque en 1981, le Québec fait preuve d'une remarquable vitalité dans les arts du cirque qu'il a contribué à renouveler avec originalité et audace. Le Cirque du Soleil, créé en 1984 par une bande d'amuseurs publics de Baie-Saint-Paul, en est un des principaux acteurs et un des pionniers du nouveau cirque*. C'est aujourd'hui une multinationale qui compte plus de trois mille employés et plusieurs spectacles sous chapiteaux et en salles à travers le monde. Le Cirque du Soleil a ouvert la voie à d'autres compagnies se distinguant par leurs signatures personnelles, telles que le Cirque Éloize ou Les 7 doigts de la main. Il a contribué à la création de la Cité des arts du cirque (TOHU) en 1999, dont un des objectifs est de faire de Montréal une capitale mondiale des arts du cirque.

Musique, théâtre, danse et cirque témoignent du dynamisme des arts de la scène québécois, malgré le développement relativement récent de certaines disciplines.

Arts visuels et cinéma

En deux ou trois dimensions, figés ou en mouvement, les arts offrent un certain regard sur la société québécoise.

Arts visuels

Jusqu'au début du XXe siècle, les arts visuels sont dominés par la peinture et la sculpture. À l'art sacré des débuts s'ajoute ensuite l'art profane, incluant les portraits, paysages et scènes de genre pittoresques de Cornelius Krieghoff. La nature est au cœur de l'inspiration, de Maurice Cullen, Marc-Aurèle Suzor-Coté et Clarence Gagnon, influencés par l'impressionnisme, à Marc-Aurèle Fortin, en passant par le Groupe des Sept. Au tournant de la Deuxième Guerre mondiale, la peinture québécoise prend le virage de l'abstraction, sous la direction des automatistes* signataires du manifeste Refus global (*voir* brève). Revendiquant une nouvelle liberté dans les arts et la société, le mouvement contribue au rayonnement des arts québécois, de Paris à New York, et fait souffler sur le Québec un vent de modernité. Sous l'influence du cubisme et du surréalisme, la sculpture contemporaine prend alors son essor et investit l'espace public. Depuis les années 1970, les frontières sont tombées une à une entre les disciplines. Peinture, sculpture, installations, arts textiles, estampe ou photographie convergent vers un art performance, un espace transdisciplinaire que les femmes ont notamment su investir, comme Betty Goodwin, Irène Whittome, Jocelyne Alloucherie ou Marie-Andrée Cossette. Regroupant le cinéma, la vidéo et les nouveaux médias* indépendants, les arts média-

Refus global

Écrit par le peintre automatiste Paul-Émile Borduas en 1948, et signé par une quinzaine d'artistes et d'intellectuels, ce manifeste, provocateur et contestataire, a marqué l'évolution des idées au Québec, surtout à partir des années 1960.

tiques contribuent également à la vitalité de l'art actuel, stimulés par le dynamisme à la fois technologique et artistique de Montréal.

Cinéma

Formidable révélateur des transformations de la société, le cinéma québécois a par ailleurs laissé sa marque sur la scène mondiale par ses innovations techniques et sa recherche esthétique. L'Office national du film du Canada, à Montréal, voit naître le cinéma direct* en 1958 alors que le Québec est en pleine effervescence. Caméra légère à l'épaule, de jeunes cinéastes tels que Gilles Groulx, Michel Brault ou Arthur Lamothe captent le réel sur le vif, et contribuent à une importante production documentaire qui se poursuit aujourd'hui avec des films grand public engagés tels que *L'Erreur boréale* ou *Mission arctique*. Expo 67* est l'occasion d'une nouvelle avancée technologique, avec la projection de films documentaires tournés avec plusieurs caméras simultanément, qui marquent les prémices du système de projection Imax®. En animation, les innovations techniques seront encore plus nombreuses et favoriseront l'émergence de talents comme Frédéric Back, qui obtient dans les années 1980 un oscar et une quarantaine de prix internationaux pour *L'homme qui plantait des arbres*. Le cinéma de fiction produit également des chefs-d'œuvre, de *Mon oncle Antoine* (1971), qui s'inscrit dans la tradition du cinéma direct, aux *Invasions barbares*, de Denys Arcand, qui remporte en 2003 l'oscar du meilleur film en langue étrangère ainsi que deux prix au Festival de Cannes. Depuis les années 1990, le cinéma de fiction, dramatique ou comique, toujours profondément contemporain, continue à se diversifier et s'exporte plus que jamais grâce au talent de cinéastes tels que François Girard (*Le Violon rouge*), Jean-François Pouliot (*La Grande Séduction*), Léa Pool (*Le Papillon bleu*), Jean-Marc Vallée (*C.R.A.Z.Y.*) ou Philippe Falardeau (*Congorama*).

Musées

Le Québec compte environ quatre cent cinquante institutions muséales à la programmation riche et diversifiée traitant des arts, de l'histoire ou des sciences. L'expertise québécoise en muséologie est reconnue en Europe pour son approche orientée vers les publics.

Peinture, sculpture, cinéma ou nouveaux médias témoignent de l'évolution fulgurante des arts visuels et médiatiques québécois depuis le milieu du XXe siècle.

Cultures autochtones

Premiers habitants du territoire, les Autochtones du Québec sont encore, pour la majorité des Québécois, des « peuples invisibles ». Au-delà des mythes et des clichés, portrait d'une réalité qui se conjugue au pluriel.

Pensionnats indiens

De 1934 à 1980, des milliers d'enfants autochtones du Québec sont envoyés dans des « pensionnats indiens » où ils subissent une acculturation brutale et de profonds traumatismes qui se répercutent aujourd'hui encore sur leurs descendants.

Parlons autochtone

Nombreux sont les mots d'origine autochtone qui ont enrichi la langue française (kayak, anorak ou toboggan), mais aussi la toponymie québécoise. Ainsi, Québec est un mot micmac signifiant « là où la rivière se rétrécit ».

Complexité

Le Québec compte onze nations autochtones, parmi lesquelles dix Premières Nations, encore appelées Amérindiens, et le peuple inuit, qui représentent en tout 1,5 % de la population. Ces nations forment au total cinquante-cinq communautés, réparties sur l'ensemble du territoire, en périphérie des villes ou en régions éloignées. La plupart des nations vivent aujourd'hui dans les régions qu'ils occupaient autrefois, avant l'arrivée des Européens, même si les territoires dont ils disposent se sont considérablement réduits et font l'objet de revendications auprès des gouvernements provincial et fédéral. De nombreux Autochtones vivent par ailleurs dans les centres urbains comme Montréal, Québec, Val-d'Or, La Tuque ou Sept-Îles. D'autres encore partagent leur temps entre la ville et leur communauté, entre leur communauté et leurs territoires ancestraux, inventant une nouvelle forme de nomadisme.

Diversité

Souvent réduites à un concept générique, les cultures autochtones du Québec sont aussi différentes les unes des autres que peuvent l'être celles de deux pays européens. Chaque nation se distingue par une langue, une culture matérielle, des coutumes et une histoire liées à l'occupation de son territoire ancestral, qu'il soit maritime, forestier ou nordique. Les Premières Nations se divisent en deux sous-groupes : les Iroquiens, sédentaires, qui vivaient autrefois dans

Symbole de fierté identitaire, la plume d'aigle est, avec le tambour et la pipe sacrée, au cœur de la culture et de la spiritualité traditionnelles des Premières Nations.

des maisons longues et pratiquaient l'agriculture dans la vallée du Saint-Laurent, et les Algonquiens, qui parcouraient la forêt boréale et la taïga en petits groupes nomades alternant la pêche, la chasse et la trappe au fil des saisons. Les Iroquiens comptent aujourd'hui deux nations, soit les Hurons-Wendat et les Mohawks, tandis que les nations algonquiennes sont au nombre de huit, comprenant les Abénaquis, les Algonquins, les Atikamekw, les Cris, les Innus, les Malécites, les Micmacs et les Naskapis.

Renouveau identitaire

Héritiers d'un lourd passé historique et de blessures encore vives (*voir* brève), les Autochtones du Québec tentent de se réapproprier leurs cultures traditionnelles, parfois avec difficulté, souvent avec créativité mais toujours avec fierté, tout en les intégrant au mode de vie de la société actuelle. Les enfants nés dans des iglous ou sous la tente dans les années 1950 sont aujourd'hui les dernières mémoires vivantes d'un mode d'existence devenu étranger aux jeunes Autochtones qui vivent à l'heure de la mondialisation. La pratique des langues et d'activités ancestrales, la valorisation muséologique du patrimoine matériel et immatériel, la tenue de manifestations culturelles et le retour à la spiritualité traditionnelle participent à la restructuration sociale et culturelle des nations autochtones. Les arts constituent un mode d'expression identitaire privilégié : des arts traditionnels au design, du conte aux arts médiatiques, en passant par le théâtre, la danse, la musique, la littérature, la peinture et la sculpture, de nombreux talents, jeunes et moins jeunes, réinventent leur culture, faisant écho, à leur manière, aux porteurs de traditions d'hier.

Entre tradition et modernité, les peuples autochtones du Québec présentent un visage multiple et complexe et contribuent, dans leur quête d'affirmation identitaire, à l'enrichissement de la société québécoise.

Grandeur nature

Sillonnée, exploitée, protégée... la nature est le premier acteur de l'histoire du Québec. Souvent rude, mais généreuse, elle continue de façonner son territoire.

Immensité

Avec 1 667 441 km², le Québec couvre un territoire équivalent à trois fois la France. Il représente plus de 15 % de la superficie du Canada et est à ce titre la province canadienne la plus vaste. Baigné par les eaux arctiques au nord et l'océan Atlantique à l'est, le Québec est traversé sur près de 1 200 km dans sa partie méridionale par le fleuve Saint-Laurent, dont l'estuaire atteint 100 km de largeur. Bordé par trois autres provinces canadiennes, l'Ontario, le Nouveau-Brunswick et le Labrador, ainsi que par les États-Unis au sud, le Québec est délimité par 10 000 km de frontières terrestres, fluviales et maritimes.

Richesses naturelles

De par sa géographie et l'étendue de son territoire, le Québec est traversé par trois zones climatiques, tempérée, boréale puis arctique, offrant un paysage sans cesse renouvelé, de la forêt laurentienne à la toundra. La forêt recouvre près de la moitié du territoire et représente 2 % des forêts mondiales. Les terres sont alimentées par un riche réseau hydrographique représentant 10 % du territoire et 3 % des réserves mondiales d'eau douce. Le sous-sol québécois contient par ailleurs d'importantes ressources et près de 30 minerais différents dont l'or, le titane, le fer, le cuivre et le zinc.

Emblèmes

Le Québec possède trois emblèmes officiels : une fleur, l'iris versicolore, le harfang des neiges, oiseau symbolisant la blancheur des hivers québécois, et le bouleau jaune, utilisé en sylviculture depuis l'époque de la Nouvelle-France.

Biodiversité

La faune sauvage du Québec regroupe 653 espèces de vertébrés, dont 326 espèces d'oiseaux, 199 espèces de poissons, 91 espèces de mammifères, 21 espèces d'amphibiens et 16 espèces de reptiles, ainsi que de nombreuses espèces d'invertébrés, dont plus de 25 000 espèces d'insectes. La flore comprend plus de 7 000 espèces végétales dont environ un millier sont des espèces introduites, et 1 500 espèces de champignons. Ce riche patrimoine naturel s'explique par la grande variété des habitats naturels qu'abrite le territoire québécois, habitats cependant soumis aux pressions humaines qui menacent la biodiversité. Le mont Saint-Hilaire, la région de Charlevoix et le lac Saint-Pierre comptent parmi les réserves de biosphère de l'Unesco.

Espèces menacées

En 1989, le gouvernement adopte la loi sur les espèces menacées ou vulnérables*. On compte aujourd'hui dix-huit espèces animales et cinquante-huit espèces végétales légalement désignées vulnérables ou menacées au Québec.

Retour à la nature

De tout temps, la nature a été au cœur de l'évolution de la société québécoise qui a subi ses rigueurs et bénéficié de ses ressources. Les colons ont appris à l'apprivoiser, les coureurs des bois* l'ont sillonnée, les hommes d'affaires l'ont exploitée. À partir du milieu du XIXe siècle, l'essor industriel et urbain lui confère un nouveau visage. Elle devient un lieu de ressourcement, de villégiature et de récréation, mais aussi de chasse et de pêche, dont profitent surtout les élites jusqu'au début du XXe siècle. Dans les années 1930, l'engouement pour la nature sauvage se démocratise. Les premières réserves naturelles sont créées, en réponse à l'émergence du souci de protéger les ressources environnementales, tout en facilitant l'accès à la nature et en favorisant le développement touristique. Plus de vingt parcs nationaux québécois et de nombreuses réserves écologiques couvrent aujourd'hui près de 5 % du territoire et sont des lieux privilégiés d'éducation à l'environnement. L'inauguration en novembre 2007 du parc national des Pingualuit, premier parc nordique, initie une nouvelle forme de mise en valeur du patrimoine naturel, au carrefour de l'écotourisme et de la culture inuite.

La nature est au cœur du patrimoine québécois. Doté d'un immense territoire et d'importantes ressources naturelles, le Québec tente de préserver sa biodiversité en multipliant les aires protégées.

Vivre avec les saisons

Vivre le Québec, c'est avant tout vivre avec les saisons : c'est habiter l'hiver, renaître avec le printemps, savourer l'été et s'émerveiller des couleurs de l'automne.

Festivals

Été comme hiver, les Québécois n'hésitent pas à sortir pour célébrer le passage des saisons : fête des neiges à Montréal, festival des tulipes à Gatineau, de l'oie blanche à Montmagny, des jardins à Métis ou des couleurs à Mont-Tremblant...

Hiver

Plus qu'une saison, l'hiver est une façon de vivre pour les Québécois qui l'attendent et le haïssent à la fois. Pendant de longs mois, le froid et la neige façonnent les comportements, mettent le moral à l'épreuve et nourrissent l'imaginaire. C'est le temps des sports de glisse, patinage, ski, motoneige, sans oublier le sport national : le hockey sur glace. L'hiver est aussi l'occasion de se retrouver et de se distraire, lors d'une partie de pêche sous la glace ou pendant le Carnaval de Québec, avec son concours international de sculpture sur glace, et la spectaculaire traversée en canots du Saint-Laurent. Si les Québécois ont appris à composer avec l'hiver d'une façon incroyablement efficace, nombreux sont ceux qui partent chaque année vers la Floride ou les Caraïbes, pour plusieurs semaines ou plusieurs mois, en quête de soleil et de chaleur.

Printemps

Alors qu'en fondant, la neige remplit les rues de « sloche », que la débâcle libère des glaces les lacs et les rivières et que les oies sauvages reviennent du sud par milliers, la sève des érables à sucre se met à couler, marquant la fin de l'hiver et invitant les Québécois à se « sucrer le bec ». Si la production du sirop d'érable, d'origine autochtone, s'est industrialisée, la tradition du temps des sucres, de la tire sur la neige* et des repas copieux et animés des cabanes à sucre* est toujours bien vivace. Le printemps québécois est court mais enivrant, poussé par une végétation pressée de s'épanouir, qui offre des verts tendres acidulés.

En deux à trois semaines, toute une vie renaît, les manteaux tombent, les esprits s'éveillent, et les terrasses accueillent les premiers courageux décidés à profiter sans plus tarder de la belle saison.

Été

La Saint-Jean-Baptiste marque le début de l'été et vole la vedette à la fête du Canada du 1er Juillet, date à laquelle les baux prennent fin pour la plupart, provoquant une valse de camions de déménagement dans les rues. L'animation est continue, laissant planer sur les villes un esprit de vacances : manifestations culturelles, « ventes de trottoir », événements sportifs attirent Québécois et touristes internationaux qui profitent des longues journées chaudes pour flâner dans les rues et les parcs. Dans les régions, les activités de plein air battent leur plein et le canot-camping est à l'honneur dans les parcs nationaux, malgré les nuées d'insectes piqueurs qui y sévissent. L'été est aussi le temps des *pow-wow*, qui sont autant d'occasions de découvrir la culture des Premières Nations, à travers les danses et l'artisanat traditionnels.

Automne

L'automne québécois offre un spectacle unique, un festival de couleurs dont les érables rougeoyants sont les vedettes. C'est une saison fraîche et lumineuse où l'autocueillette dans les vergers et les visites de vignobles sont populaires. Tandis que certains profitent des dernières randonnées en forêt, d'autres s'adonnent à la chasse à l'orignal. En septembre, les oies sauvages arrivant du Grand Nord font halte sur les rives du Saint-Laurent avant de reprendre leur route vers le sud, faisant le bonheur des ornithologues comme des néophytes. Les beaux jours d'octobre, avec leurs étalages de citrouilles, leurs décorations champêtres ou insolites, se terminent avec la fête d'Halloween, traduisant une nouvelle fois le tempérament festif des Québécois.

Le « Rocket »

Sportif hors norme et héros populaire, Maurice Richard, surnommé le « Rocket » (la fusée), a incarné plus qu'aucun autre le hockey sur glace, avec plus de cinq cents buts marqués au cours de sa carrière dans les années 1940 et 1950.

Avec des écarts de température de plus de 60 °C entre l'hiver et l'été, le Québec est une terre de contrastes qui a appris à tirer parti de chacune de ses saisons.

Montréal, une île, une ville

Ville souterraine

Sous le centre-ville de Montréal s'étend l'un des plus importants réseaux souterrains du monde, avec quelque trente kilomètres de galeries qui relient stations de métro, gares, magasins, restaurants, hôtels, universités, cinémas et musées.

Toujours en mouvement, été comme hiver, de jour comme de nuit, à l'extérieur ou sous terre, Montréal incarne une urbanité aux multiples visages.

Attachante

Avec 1 873 971 habitants en 2006, Montréal offre les avantages d'une grande métropole tout en restant une ville à dimension humaine. Quadrillée à l'américaine, avec ses longues artères et ses centaines de kilomètres de ruelles, Montréal est une mosaïque de quartiers aux caractères distincts. Nordique et latine à la fois, elle charme autant les touristes américains par son cachet européen qu'elle surprend les visiteurs outre-Atlantique par sa décontraction et son urbanisme parfois anarchique. Gratte-ciel côtoyant de vieilles églises, édifices de béton tranchant avec les escaliers victoriens et les pierres centenaires du Vieux-Montréal : la « ville aux cent clochers » offre un paysage architectural contrasté, entre patrimoine et avant-gardisme.

Ville portuaire ouverte sur le fleuve Saint-Laurent, la métropole québécoise est la plaque tournante des affaires et un foyer culturel dynamique où l'Amérique se vit aussi bien en français qu'en anglais.

Vivante

À Montréal, la décontraction n'exclut pas la vitalité. Vaste et aérée, l'île de Montréal abrite des centaines d'espaces verts, un jardin botanique et dix-sept grands parcs, dont l'incontournable Mont-Royal qui domine la ville et le fleuve. Détente, sport et tourisme y attirent des milliers d'usagers qui n'hésitent pas à chausser les patins à glace ou les skis en hiver, ou à

circuler à vélo ou en « patins à roues alignées » l'été, sur le réseau de pistes cyclables qui sillonne la ville. De mai à octobre, la vie bat son plein sur les marchés publics, dont le célèbre marché Jean Talon, et les terrasses qui s'animent au rythme des « 5 à 7 » réunissant amis ou collègues autour d'une bière après le travail. Tandis que les plus urbains « magasinent » ou se divertissent dans la chaleur estivale, un grand nombre de Montréalais passe leurs week-ends « au chalet », dans les Laurentides, Lanaudière ou les Cantons-de-l'Est, pour un interlude grandeur nature avant l'heure de pointe du lundi matin.

Jazz

Rendez-vous des amateurs de jazz, le réputé Festival international de Jazz de Montréal fait vibrer chaque été le centre-ville depuis près de trente ans. En 2007, il proposait plus de six cents concerts, en plein air et en salle, dont plus de la moitié étaient gratuits.

Cosmopolite

Deuxième ville multiculturelle du Canada après Toronto, Montréal offre un visage pluriel et métissé, qui s'est construit au fil des vagues d'immigration, donnant naissance à des quartiers typés où le dépaysement est au rendez-vous et où les cuisines du monde se rencontrent et fusionnent. Du quartier chinois à la Petite Italie, le boulevard Saint-Laurent, véritable épine dorsale de la ville, offre un aperçu de la diversité de l'espace montréalais, peuplé de plus d'une centaine de communautés ethnoculturelles. Deuxième ville de langue française au monde après Paris, elle offre le luxe d'une américanité en français et d'une européanité en anglais, ce qui la rend particulièrement attrayante pour les immigrants.

Culturelle

Reconnue pour son dynamisme culturel et sa créativité artistique, Montréal est un lieu d'expression résolument moderne et en constante évolution dont les productions, soutenues par des institutions prestigieuses, rayonnent sur la scène locale et internationale. Le quartier des spectacles, avec plus de trente salles, est le cœur de la vie culturelle et l'hôte de grands festivals qui mettent la musique, le cinéma ou l'humour à l'honneur. Les arts, classiques ou avant-gardistes, s'y côtoient, repoussant toujours plus loin les frontières entre culture et nouvelles technologies.

Métropole culturelle du Québec, Montréal se définit par ses contrastes et ses influences multiples dont se dégage une personnalité unique, résolument nord-américaine mais tournée vers l'Europe.

Au fil des régions

Le Québec offre un visage aux multiples facettes où patrimoine et nature se rencontrent au fil des eaux du Saint-Laurent.

National

Toute canadienne qu'elle soit, la province de Québec possède une capitale nationale, un musée national des Beaux-Arts, une Bibliothèque nationale... et exprime plus que jamais sa fierté identitaire lors de la fête nationale, le 24 Juin.

Québec

Fondée il y a quatre cents ans par Samuel de Champlain, la capitale nationale est le berceau de la culture française en Amérique et la plus ancienne ville du Canada. Classé au patrimoine mondial de l'Unesco depuis 1985, l'arrondissement historique du Vieux-Québec abrite le seul ensemble fortifié d'Amérique du Nord, avec des remparts regroupant bastions, portes et ouvrages défensifs qui témoignent de la vocation de place forte de la ville dès les débuts de la Nouvelle-France. Ville de patrimoine, verdoyante et intimement liée au fleuve, Québec a inspiré de nombreux artistes depuis le XVIIIe siècle. Foyer culturel dynamique, elle est aussi un pôle de savoir tourné vers l'avenir, avec la présence de l'université Laval, la plus ancienne université francophone en Amérique du Nord. À 97 % québécois « de souche », les « gens de Québec » sont fiers d'un cadre de vie privilégié au caractère profondément francophone mais ouvert sur le monde, situé aux portes de la réserve mondiale de biosphère de Charlevoix.

Le fleuve Saint-Laurent

Principal axe fluvial de l'Amérique du Nord, le Saint-Laurent est aussi l'une des plus grandes voies navigables au monde. Route des explorateurs et axe vital de la Nouvelle-France, le fleuve a de tout temps été au cœur de l'histoire du Québec dont il a façonné le territoire. De Québec à Montréal, la colonisation a épousé ses rives, donnant l'impression d'un village ininterrompu où la société rurale puis industrielle s'est développée, profitant de cette autoroute fluviale et de ses terres fertiles. Aujourd'hui, 80 % de la population québécoise vit dans la vallée du Saint-Laurent, qui offre des panoramas uniques attirant chaque année plusieurs millions de touristes. En aval de Québec, le fleuve devenu estuaire prend des allures de mer intérieure dont les eaux se mélangent avec celles, plus froides et salées, de l'océan Atlantique. De la pointe de la Gaspésie jusqu'au fjord du Saguenay, bélugas et rorquals viennent se nourrir chaque été dans ses eaux riches, contribuant à la beauté de cet écosystème unique mais fragile, soumis à d'importantes pressions humaines.

Caractères régionaux

Le Québec compte vingt-deux régions touristiques, chacune d'elles présentant un visage particulier du territoire. Dominé par l'eau et la forêt, le Québec se fait tantôt maritime, du Bas-Saint-Laurent aux îles-de-la-Madeleine, tantôt forestier, du Saguenay-Lac-Saint-Jean à l'Abitibi, en passant par la Mauricie ou les Laurentides. Agricole le long du fleuve, de l'Outaouais à la Beauce, il s'ouvre sur l'immensité de la taïga et de la toundra, de la Baie-James à l'extrême nord du Nunavik. Ponctué de villages pittoresques, le patrimoine architectural québécois se conjugue en français, le long du chemin du Roy ou dans la région de Charlevoix, comme en anglais, dans les Cantons-de-l'Est qui bordent la frontière américaine. Des sports de plein air au tourisme culturel, de l'expérience autochtone en forêt à l'agrotourisme, le Québec offre une multitude de possibilités récréatives pour tous.

Avec le fleuve Saint-Laurent pour colonne vertébrale, le territoire québécois se compose d'une vingtaine de régions maritimes, forestières, agricoles ou nordiques.

Terroir

Depuis plusieurs années, le Québec multiplie les produits du terroir : vins et cidres de glace, bières locales et fromages régionaux constituent, avec le sirop d'érable et les bleuets* du lac Saint-Jean, autant de saveurs typiques du Québec.

Démographie, immigration et diversité

Alors que les baby-boomers* arrivent à l'âge de la retraite, le seuil de renouvellement des générations n'est plus atteint au Québec depuis 1970.

Le déclin démographique

Comme la plupart des pays industrialisés, le Québec est confronté au vieillissement de sa population, qui est toutefois plus rapide que dans le reste du Canada et qu'aux États-Unis. Depuis 1970, l'indice de fécondité est en dessous du seuil de renouvellement des générations (2,1 enfants par femme) : il était de 1,62 en 2006. En 1996, les personnes de 65 ans et plus représentaient environ 12 % de la population, plaçant le Québec parmi les sociétés industrialisées les plus jeunes, mais cette proportion devrait s'élever à plus de 20 % en 2031, le classant alors parmi les plus vieilles. Par ailleurs, la part de la population active devrait se réduire considérablement à l'horizon de 2031, avec seulement 2,2 personnes actives pour un retraité. Ce déclin démographique pourrait avoir d'importantes incidences telles qu'une perte de la représentativité politique du Québec au sein du Canada, un affaiblissement du fait français en Amérique, un ralentissement économique et une baisse de la compétitivité québécoise sur le marché mondial, une dégradation de la qualité des services publics et sociaux, sans oublier un remaniement du régime des retraites (diminution des pensions et départ à la retraite tardif). Dans ce contexte, l'immigration devient un enjeu stratégique pour le gouvernement québécois.

Mini baby-boom

En 2006, le Québec recensait 82 500 naissances, soit un nombre inégalé depuis dix ans et une augmentation de 8 % par rapport à 2005, faisant dire à certains observateurs que la province avait connu un « mini baby-boom ».

L'immigration

Fondement de la société québécoise depuis quatre cents ans, l'immigration, surtout européenne jusque dans les années 1960, s'est diversifiée par la suite. Depuis les années 1980, le Québec accueille principalement des immigrants venus d'Asie. Parmi les 193 905 immigrants reçus entre 2001 et 2006, les pays d'origine les plus représentés étaient la Chine (18 350), l'Algérie (15 390), la France (14 890) et le Maroc (13 830). L'immigration, encouragée par la politique du gouvernement, n'a jamais pesé aussi lourd dans la balance démographique de la province. En 2007, ce sont 45 000 nouveaux immigrants qui se sont installés au Québec, le gouvernement souhaitant continuer à augmenter ses quotas pour atteindre 55 000 en 2010. Toutefois, au-delà des chiffres, des mesures s'imposent pour favoriser l'intégration des nouveaux arrivants en éliminant certains obstacles tels que la non-reconnaissance de nombreux diplômes, qui empêche l'exercice immédiat de professions pourtant en demande, comme dans le secteur de la santé ou l'ingénierie. L'intégration sociale et culturelle constitue un autre défi que certains peinent à relever, en raison de facteurs variables, et qui entraîne parfois un retour dans le pays d'origine. Ainsi, dans le cas de l'immigration française (3 000 Français arrivent en moyenne au Québec chaque année), une personne sur cinq retournerait vivre dans l'Hexagone selon les données officielles, plus d'après certains observateurs. Les consultations publiques sur les « accommodements raisonnables* », dont les médias se sont fait largement l'écho en 2007, ont mis en lumière à la fois les atouts de l'immigration mais aussi la complexité de la gestion de la diversité. L'enjeu est de taille pour la société québécoise de demain, qui devra se donner les moyens d'inclure l'autre pour rester elle-même.

Candidats à l'immigration

Diplômes parfois non reconnus, deux semaines de vacances par an, salaire minimum de 8 dollars canadiens/heure, sans oublier l'hiver... autant de points à considérer, avant de succomber aux charmes de la Belle Province, pour réussir son projet d'immigration.

Vieillissement de la population, faible indice de fécondité... la société québécoise voit dans l'immigration une solution d'avenir.

Santé et éducation

Depuis 2003, plus de 80 % de la croissance des dépenses publiques a été allouée aux secteurs de la santé et de l'éducation au Québec.

La santé

En 2007-2008, 23,8 milliards de dollars canadiens ont été alloués au ministère de la Santé et des Services sociaux. Reposant sur les principes d'universalité et d'équité, le système de santé public québécois, s'appuyant sur la loi sur l'assurance maladie adoptée en 1970, vise à assurer l'accès aux soins gratuits pour tous. Instituée en 1969, la Régie de l'assurance maladie du Québec (RAMQ) administre le régime d'assurance maladie, ainsi que le régime d'assurance médicaments créé en 1997. Le système de santé québécois, un des meilleurs au monde, souffre cependant, depuis plusieurs années, de problèmes chroniques, alors que la population, vieillissante, requiert de plus en plus de soins et que ses besoins évoluent. Sous-financement, pénurie de personnel médical et hospitalier, urgences surchargées, infections nosocomiales, etc. sont au cœur des débats publics et des préoccupations politiques. Le recours au financement privé, le renforcement des services de première ligne, notamment dans les CLSC (*voir* pp. 20-21), le développement des soins à domicile ou la reconnaissance des diplômes de médecine étrangers (*voir* pp. 46-47), sont autant de mesures proposées pour répondre aux besoins urgents du milieu et entamer une réforme nécessaire du système de santé.

CPE

Depuis 1997, les centres de la petite enfance (CPE) du Québec offrent un service de garde pour les enfants en bas âge. Bien qu'il soit parfois difficile d'y trouver des places, leur tarif concurrentiel de 7 dollars canadiens par jour en fait les garderies les moins chères au Canada.

L'éducation

Deuxième poste budgétaire après la santé, l'éducation représente 25 % des dépenses publiques du Québec. Sous le contrôle de l'Église catholique jusqu'au milieu du XXe siècle, le système québécois entre dans la modernité lors de la Révolution tranquille (*voir* pp. 20-21), avec la création du ministère de l'Éducation en 1964. Relevant du gouvernement provincial, l'éducation repose aujourd'hui sur un réseau d'établissements publics et privés, francophones et anglophones. La scolarisation est obligatoire de six à seize ans, soit au primaire et au secondaire. Propres au contexte québécois, les Cégeps* dispensent des programmes de formation post-secondaire générale ou technique de deux ou trois ans conduisant à l'obtention d'un diplôme d'études collégiales (DEC) obligatoire pour l'admission à l'université. Le taux d'obtention d'un diplôme universitaire au Québec compte parmi les plus élevés des pays industrialisés, 25 % (2004) des jeunes Québécois décrochant un baccalauréat au terme de leur premier cycle universitaire (trois ans). Les frais de scolarité, les plus bas en Amérique du Nord, favorisent, avec la flexibilité des horaires et des programmes, le retour aux études à tout âge. Cependant, la province fait face à des défis importants tels qu'un taux de décrochage élevé (environ un élève sur cinq ne termine pas le secondaire), l'intégration des nouveaux immigrants ou l'enseignement du français. Au fil des réformes, jugées parfois trop nombreuses ou inadéquates, le monde de l'éducation tente de s'adapter aux réalités économiques et sociales. Ce faisant, il touche des points sensibles qui suscitent de vifs débats, tels que la hausse des frais de scolarité universitaires, l'allègement du programme d'histoire au secondaire ou l'intégration d'une formation obligatoire à l'éthique et à la culture religieuse au primaire et au secondaire à la rentrée 2008.

PISA

Le Programme international pour le suivi des acquis des élèves (PISA) révèle qu'en 2006, les élèves québécois de 15 ans se classaient au 4e rang des 57 pays membres de l'OCDE en lecture, au 4e en sciences et au 5e en mathématiques.

Au cœur des préoccupations sociales, les systèmes de santé et d'éducation font face à de multiples défis qu'ils devront relever pour s'adapter aux besoins de la population québécoise de demain.

Environnement et développement durable

Entre volonté politique, intérêts économiques et habitudes de consommation, le Québec cherche sa voie vers le développement durable.

Fonte des glaces

Premiers concernés par les changements climatiques, les Inuits du Nunavik collaborent depuis plusieurs années à des recherches scientifiques visant à étudier les impacts du réchauffement sur l'environnement et les communautés nordiques.

Réchauffement climatique

Lors de la 13e Convention-cadre des Nations unies sur les changements climatiques à Bali en décembre 2007, le gouvernement québécois réaffirmait son appui au protocole de Kyoto (1997-2012) et à l'instauration de cibles contraignantes pour la réduction des gaz à effet de serre (GES), se dissociant de la position conservatrice du Canada qui s'y opposait. Doté d'un Plan d'action sur les changements climatiques (2006-2012), le Québec affiche sa détermination, par le biais de plusieurs programmes et initiatives, d'être à l'avant-garde de la lutte contre les changements climatiques. Pour atteindre les objectifs de Kyoto, il devra cependant réduire d'ici 2012 ses émissions de GES de 6 % sous les niveaux de 1990.

Stratégie énergétique

Énergie « propre » car peu productrice de GES, l'hydroélectricité constitue la pierre d'angle de la Stratégie énergétique du Québec qui en est le principal producteur en Amérique du Nord. La hausse de la production de 4 500 mégawatts, escomptée d'ici 2015, implique la mise en œuvre de nouveaux chantiers qui suscitent des controverses, comme la dérivation de la rivière Rupert qui devrait entraîner la disparition de 350 km² de forêt boréale sous les eaux. Autre priorité gouvernementale, l'implantation de la filière éolienne, présentée comme le complément naturel à l'hydroélectricité, s'inscrit dans la logique du développement durable, même si ses impacts et sa rentabilité soulèvent encore des questions

La Gaspésie, la Côte-Nord, le Bas-Saint-Laurent, situés le long du fleuve, ou encore les Îles-de-la-Madeleine, constituent des régions de choix pour l'implantation de parcs éoliens.

pour certains. Pariant sur l'innovation dans le domaine des énergies renouvelables, la Stratégie énergétique traduit par ailleurs la volonté du gouvernement de conjuguer choix énergétiques et développement économique.

Puits de carbone

Coupes à blanc, mines, barrages hydroélectriques... la forêt boréale québécoise est exploitée à plus de 85 %. Stockant de grandes quantités de CO_2, elle joue pourtant un rôle essentiel dans la régulation de l'effet de serre.

Biodiversité

En 1992, lors du 2e Sommet de la Terre à Rio de Janeiro, le Canada signait la Convention sur la biodiversité biologique avec l'appui du Québec. Pour en atteindre les objectifs, des stratégies et plans d'action ont été mis en place en vue de doter la province d'un réseau d'aires protégées représentatif de l'ensemble de sa diversité biologique. Ce réseau compte aujourd'hui plus de 1 800 sites naturels couvrant 4,8 % du territoire québécois, soit en deçà des 12 % fixés à Rio. En 2007, le gouvernement Charest se fixait un nouvel objectif, soit 8 % d'aires protégées en 2010. Malgré les stratégies mises en œuvre pour préserver la biodiversité telles que le classement de sites naturels, la conservation ou la réintroduction d'espèces, l'exploitation intensive du territoire et la pollution par les rejets industriels et agricoles continuent de menacer des habitats déjà fragilisés.

Alors que le gouvernement se positionne en faveur du développement durable et que l'opinion publique est de plus en plus sensibilisée aux questions environnementales, certains remettent en cause l'image d'un Québec « vert ».

Surconsommation

Au cours de ces dernières décennies, les médias, des scientifiques et vulgarisateurs engagés tels que Pierre Dansereau, Hubert Reeves ou Jean Lemire, ainsi que des organismes comme Équiterre ont contribué à sensibiliser les Québécois à la notion de développement durable. Toutefois, au-delà du réflexe du recyclage hebdomadaire, le pas vers une consommation responsable demeure un véritable enjeu. Première productrice de déchets au Canada, grande consommatrice d'appareils électriques et électroniques énergivores, la société québécoise voit par ailleurs son parc automobile augmenter chaque année de 70 000 nouveaux véhicules, toujours plus puissants, faisant du secteur des transports le premier responsable de l'émission de GES au Québec (37 % en 2003), avant même les industries (31 %).

Perspectives économiques

Aérospatiale, biotechnologies, multimédia… L'expertise et l'innovation technologiques sont le fer de lance de l'économie québécoise.

En perte de vitesse ?

Pendant longtemps sous domination anglophone, l'économie québécoise moderne a pris son envol avec la Révolution tranquille, grâce au mouvement d'entraînement du secteur public (*voir* pp. 20-21). Dans les années 1980, l'État-providence* s'est toutefois essoufflé et le modèle québécois d'intervention étatique est aujourd'hui remis en question, alors que la province fait face à un autre enjeu de taille : le vieillissement de la population. Le niveau élevé du dollar canadien, les fluctuations du marché international et la concurrence des pays à bas salaire dans le domaine manufacturier ont provoqué un ralentissement de la croissance au cours des dernières années. Néanmoins, riche de sa diversité et de secteurs de pointe en expansion, le Québec possède une économie dynamique et enregistrait en janvier 2008 6,8 % de chômage, soit le pourcentage le plus bas en trente-trois ans. Comme dans la plupart des pays industrialisés, l'économie repose majoritairement sur le secteur des services, qui représentait en 2006 presque trois quarts du Produit intérieur brut (PIB). La province peut cependant compter aussi sur des ressources naturelles abondantes en eau, en bois et en minerais, qui la classent notamment parmi les dix principaux producteurs mondiaux dans le secteur minier.

Acfas

Fondée à Montréal en 1923, l'Association francophone pour le savoir (Acfas) vise à promouvoir et stimuler la recherche scientifique, et à diffuser le savoir. Son congrès annuel est l'événement scientifique multidisciplinaire le plus important de la francophonie.

Secteurs de pointe

Au 6e rang mondial pour la valeur de sa production qui est exportée à 80 %, l'industrie aérospatiale québécoise repose sur la présence de maîtres d'œuvre de calibre international tels que Bombardier, qui est par ailleurs le chef de file mondial du transport ferroviaire. Un des plus grands centres mondiaux en aéronautique avec Seattle et Toulouse, Montréal est de plus un foyer d'innovation dans le secteur des technologies de l'information et des communications. Des compagnies comme Ubisoft (jeux vidéo) ou Softimage (logiciels 3D) participent au rayonnement de la créativité et du savoir-faire québécois. Également en plein essor dans la métropole depuis une dizaine d'années, le secteur des biotechnologies bénéficie de la présence de laboratoires de recherche renommés. Près de la moitié de l'industrie pharmaceutique canadienne est implantée au Québec et une trentaine de multinationales, comme Merck Frosst, Bristol-Myers-Squibb ou Sanofi-Aventis, ont choisi d'y établir leur siège social canadien.

PIB

En 2006, le Québec occupait la 22e place au niveau mondial pour son PIB par habitant, qui était de 37 137 dollars canadiens. Représentant un cinquième du produit intérieur brut canadien, le PIB québécois reposait à 52,5 % sur les exportations.

Mondialisation

Avec des exportations représentant plus de la moitié du PIB en 2006, le Québec prend une part active au processus de mondialisation des échanges commerciaux. Les accords de libre-échange entre Canada et États-Unis (1989), Canada et Chili (1997), ainsi que l'ALENA ou Accord de libre-échange nord-américain (1994), ont joué le rôle de catalyseurs dans l'évolution du commerce extérieur de la province, en permettant l'accès à de très vastes marchés. Plus de 80 % des exportations internationales vont vers les États-Unis tandis que l'Europe est le deuxième partenaire économique du Québec. La France, deuxième investisseur étranger au Québec, représente par ailleurs un partenaire stratégique privilégié en raison de sa position au sein de l'Europe, un des plus grands marchés mondiaux. Le 400e anniversaire de la fondation de Québec en 2008 se veut une occasion de renforcer la relation franco-québécoise tant aux niveaux commercial, technologique qu'universitaire.

Malgré des secteurs de pointe en pleine expansion et d'importantes ressources naturelles, l'économie québécoise fait face à des défis majeurs tels que le redressement des finances publiques, le déclin démographique ou la mondialisation.

Défis politiques

Sur la scène interne comme internationale, le Québec fait face à de nombreux défis politiques.

Ambivalence

L'ambivalence politique de nombre de Québécois a été résumée par la boutade de l'humoriste Yvon Deschamps (né en 1935) affirmant qu'au fond, ce que souhaitent les Québécois, c'est « *un Québec indépendant dans un Canada uni* ».

Le Québec dans le Canada

L'échec des référendums sur la souveraineté de 1980 et 1995 (*voir* pp. 22-23) a laissé l'image d'une société indécise quant à son devenir politique, prise entre des idéaux nationalistes qui ont contribué à son évolution et les nouveaux enjeux économiques globaux. Le débat souverainiste* porté jusqu'à aujourd'hui par les baby-boomers* cherche à se redéfinir face à la mondialisation, et sous l'influence d'une société en évolution dont les jeunes générations sont plus tournées vers le reste du monde que vers le Canada anglophone. Si, pour certains, le projet souverainiste est dans une impasse, l'idée d'un troisième référendum perdure au sein du Parti québécois. Le Québec devra composer dans l'avenir avec l'affrontement des visions souverainistes et fédéralistes qui, de Québec à Ottawa, caractérisent sa scène politique depuis plusieurs décennies.

Le Québec et les Autochtones

Les négociations avec les peuples autochtones représentent plus que jamais un enjeu politique incontournable pour le Québec. Le 5 décembre 2007, Québec et Ottawa signaient une entente de principe avec les Inuits pour la constitution, d'ici 2009, d'un gouvernement régional au Nunavik. « *Nous voulons leur donner de l'autonomie* », indiquait le Premier ministre québécois Jean Charest (né en 1958). Si les Autochtones reconnaissent une volonté réelle de négociation du gouvernement provincial, ils le mettent également au défi de poser des gestes concrets. Les leaders autochtones répètent l'urgence d'agir face aux problèmes socio-économiques criants des communautés qui connaissent une véritable explosion démographique. « *Encore aujourd'hui, les représentants politiques des Premières Nations sont trop souvent écartés des cercles de prises de décision* », faisait remarquer Ghislain Picard (né en 1955), chef de l'Assemblée des Premières Nations du Québec et du Labrador, suite à l'adoption historique en septembre 2007 de la Déclaration sur les droits des peuples autochtones par les Nations unies… que le Canada a refusé de signer, invoquant que le texte était incompatible avec son cadre constitutionnel.

Québec, ville hôte

Après avoir accueilli le 3e Sommet des Amériques en 2001, Québec, dans la foulée des festivités du 400e anniversaire de sa fondation, est la ville hôte du 12e Sommet de la Francophonie en octobre 2008.

Le Québec dans le monde

Bien que le Québec ait entretenu des relations extérieures depuis le XIXe siècle, c'est lors de la Révolution tranquille (*voir* pp. 20-21) qu'il jette les bases de sa politique internationale avec la doctrine Gérin-Lajoie (du nom de l'ancien ministre, né en 1920) qui affirme « *la détermination du Québec de prendre dans le monde contemporain la place qui lui revient* ». L'ouverture de la Maison du Québec à Paris en 1961, qui devient en 1964 la Délégation générale, marque les débuts de la diplomatie québécoise. Représenté de façon permanente dans dix-huit pays, le Québec a signé plus de trois cents ententes bilatérales à l'étranger. Siégeant aux instances de la francophonie, le gouvernement québécois participe par ailleurs à la mise en œuvre de conventions internationales. En 2005, il remportait une victoire diplomatique avec l'adoption par l'Unesco de la Convention internationale sur la diversité culturelle qu'il avait lui-même initiée quelques années plus tôt. Doté d'une nouvelle politique internationale depuis 2006, le Québec affirme plus que jamais sa volonté de renforcer son ouverture sur le monde et ses échanges extérieurs, malgré les tensions politiques que cela engendre avec le gouvernement canadien qui tient à conserver ses prérogatives et tend à minimiser le rôle diplomatique du Québec.

Souveraineté, autonomie gouvernementale des Autochtones et action internationale : les enjeux politiques du Québec sont plus que jamais identitaires.

Glossaire

Acadie : colonie française d'Amérique du Nord (s'étendant de l'actuelle Gaspésie à l'État du Maine, en passant par les provinces canadiennes atlantiques) cédée à l'Angleterre en 1713 par le traité d'Utrecht. Refusant de porter allégeance à la couronne britannique, plusieurs milliers d'Acadiens sont déportés à partir de 1755 vers les États-Unis, l'Angleterre et la France : c'est le Grand Dérangement.

Accommodement raisonnable : terme juridique canadien désignant l'aménagement d'une norme sociale destiné à éviter la discrimination envers certains individus. Les limites acceptables de ces aménagements ont été largement débattues au Québec en 2007.

Automatisme : mouvement artistique fondé en 1942 par le peintre Paul-Émile Borduas, basé sur une approche intuitive expérimentale, s'inspirant du courant surréaliste français et de la psychanalyse.

Baby-boomers : génération née entre 1946 et 1964.

Bleuet : petite baie comestible d'Amérique du Nord, de couleur bleu noir, parente de la myrtille.

Boîte à chansons : petite salle de spectacle où se produisaient les chansonniers (auteurs-compositeurs-interprètes) surtout en 1960-1970.

Cabane à sucre : bâtiment rustique construit dans une érablière, traditionnellement destiné à la fabrication du sirop d'érable. Au printemps, on y propose des repas typiques préparés à partir des produits de l'érable (sirop, tire, beurre, sucre).

Cégep : collège d'enseignement général et professionnel (équivalent du lycée français).

Cinéma direct : courant du film documentaire apparu autour de 1960 au Québec et aux États-Unis, utilisant une caméra légère pour capter le réel sur le vif.

Coureur des bois : aventurier et commerçant indépendant impliqué dans la traite des fourrures aux XVIIe et XVIIIe siècles. Contrairement au voyageur, il ne possédait pas de permis de traite émis par le roi de France.

État-providence : issu d'un courant réformiste né à la suite de la crise des années 1930, l'État-providence traduit une politique interventionniste de l'État qui joue un rôle central dans la sphère socio-économique.

Expo 67 : exposition universelle de 1967 qui s'est tenue à Montréal sous le thème « Terre des Hommes ». Synonyme de fierté, d'innovation et d'ouverture, l'événement a profondément marqué la mémoire collective des Québécois.

Filles du Roy : jeunes femmes à marier, pupilles de Louis XIV, envoyées en Nouvelle-France entre 1663 et 1673 aux frais de la couronne pour peupler la colonie.

Hydro-Québec : société d'État créée en 1944 par le gouvernement du Québec. Hydro-Québec est responsable de la production hydroélectrique et de la distribution d'électricité dans la province.

Joual : langage populaire québécois se caractérisant par une prononciation particulière, des archaïsmes issus de la langue française et des anglicismes. L'emploi du mot « joual » est généralement péjoratif.

Loyalistes : Américains restés fidèles à la couronne britannique, qui se sont exilés dans le Bas mais surtout le Haut-Canada après la fin de la guerre d'indépendance des États-Unis en 1783.

Métis : Autochtone d'ascendance mixte, amérindienne et européenne.

Néo-Québécois : immigrant de deuxième génération ou plus installé au Québec.

Nouveau cirque : nouveau genre de spectacles de cirque apparu dans les années 1970. À la fois acrobatique, théâtralisé et chorégraphié, il se caractérise par une constante recherche esthétique faisant de plus en plus appel aux nouvelles technologies.

Nouveaux médias : disciplines artistiques basées sur les technologies de l'information et de la communication, qu'elles soient informatiques, électroniques, numériques, sonores ou interactives.

Radio-Canada : société d'État canadienne créée en 1936. Elle offre des services radiophoniques depuis 1937 et télévisuels depuis 1952.

Régime seigneurial : mode de répartition et d'occupation systématique des terres inspiré du système féodal, instauré en Nouvelle-France en 1627 et aboli en 1854.

Réserve : portion de territoire dont l'usage est réservé aux Premières Nations, en vertu de la loi sur les Indiens de 1876.

Souverainisme : mouvement politique opposé au fédéralisme, qui propose, par la voix démocratique, de faire de la province de Québec un État souverain, indépendant de la Confédération canadienne.

Tire sur la neige : sirop d'érable épaissi que l'on verse sur de la neige et que l'on déguste, dès qu'il se fige, au moyen d'une spatule en bois.

Vulnérable : terme utilisé pour qualifier une espèce dont la survie est jugée précaire, tandis que le terme « menacée » s'applique lorsque la disparition de l'espèce est appréhendée.

Petit lexique québécois-français

Abreuvoir (n. m.) : fontaine d'eau potable que l'on trouve généralement dans les édifices publics et sur les lieux de travail

Accoter / s'accoter : placer (contre) / prendre appui (sur)

Achalandage (n. m.) : fréquentation (magasin, transports en commun, etc.)

Achaler : agacer, énerver, ennuyer, gêner

Babillard (n. m.) : tableau d'affichage

Baboune (faire la) : moue (faire la), bouder

Balayeuse (n. f.) : aspirateur

Barrer : fermer à clé, verrouiller

Bas (n. m.) : chaussettes

Baveux (n. m.) : arrogant

Bébelle (n. f.) : jouet, babiole

Bec (n. m.) : baiser

Bécosse (n. f.) : toilettes sèches (qui n'utilisent pas d'eau)

Bête : agressif, désagréable

Bibitte (n. f.) : insecte

Bicycle (n. m.) : bicyclette

Bicycle à gaz (n. m.) : motocyclette

Bienvenue : de rien, il n'y a pas de quoi

Blonde (n. f.) : petite amie

Bonjour : bonjour, bonne journée (se dit en arrivant et en partant)

Boucane (n. f.) : fumée

Bouette (n. f.) : boue

Brasser : mélanger, remuer, secouer

Brassière (n. f.) : soutien-gorge

Breuvage (n. m.) : boisson

Brosse (prendre une) : cuite (prendre une)

Broue (n. f.) : mousse

Cabaret (n. m.) : plateau (de service)

Cadran (n. m.) : réveille-matin

Calotte (n. f.) : casquette

Camisole (n. f.) : débardeur

Capoter : paniquer, s'emballer, devenir fou

Carrosse (n. m.) : landau

Cartable (n. m.) : classeur

Carte d'affaires (n. f.) : carte de visite

Cellulaire (n. m.) : téléphone portable

Cenne (n. f.) : centime (centième de dollar)

Chandail (n. m.) : T-shirt, pull

Char (n. m.) : voiture

Chaudron (n. m.) : casserole

Ce lexique, non exhaustif, ne relève pas d'une étude linguistique. Il propose simplement une sélection de termes relativement courants qui sont autant d'exemples du caractère distinct du français québécois.

Chauffer : conduire

Chicane (n. f.) : querelle, conflit

Choquer (se) : fâcher (se)

Classeur (n. m.) : meuble à compartiments où l'on range et classe des dossiers

Coin de rue (n. m.) : pâté de maisons

Colon (n. m.) : habitant des débuts de la colonie, rustre

Cossin (n. m.) : chose, truc

Costume de bain (n. m.) : maillot de bain

Court : petit (en parlant de quelqu'un)

Croche : tordu, bizarre, louche

Croustilles (n. f.) : chips

Débarbouillette (n. f.) : carré de tissu-éponge servant de gant de toilette

Débarquer (d'une voiture, du bus, etc.) : descendre

Déjeuner (n. m.) : petit déjeuner

Déneigeuse (n. f.) : chasse-neige

Dépanneur (n. m.) : petite épicerie de quartier

Dîner (n. m.) : déjeuner

Dispendieux : cher

Efface (n. f.) : gomme à effacer

Effoirer (s') : avachir (s')

Embarquer (dans une voiture, un bus, etc.) : monter

Enfarger (s') : trébucher

Épais : dépourvu de savoir-vivre, stupide

Faire du pouce : faire de l'auto-stop

Fesser : frapper

Fête (n. f.) : anniversaire (la fête n'existe pas au Québec)

Fin : gentil

Fin de semaine (n. f.) : week-end

Flos : gosses (« gosses » voulant dire « testicules » dans le registre familier québécois)

Frette : froid, très froid

Garrocher : lancer, jeter

Gomme (n. f.) : chewing-gum

Goût (avoir le) : envie (avoir)

Guenille (n. f.) : chiffon

Jaser : parler, discuter

Laveuse (n. f.) : machine à laver, lave-linge

Liqueur (n. f.) : boisson gazeuse

Magané : en mauvais état (chose) / mal en point (personne)

Petit lexique québécois-français (suite)

Magasiner : faire des achats

Maringouin (n. m.) : moustique

Mitaines (n. f.) : moufles

Mouiller : pleuvoir

Nettoyeur (n. m.) : pressing

Niaiser : dire des bêtises / faire marcher / prendre son temps

Niaiseux : bête, idiot, stupide

Pantoute : (pas) du tout

Pas pire : pas mal

Patente (n. f.) : chose, truc

Petit : mince (en parlant de quelqu'un)

Piastre (prononcer piasse) (n. f.) : dollar

Piton (n. m.) : bouton

Pitonner : zapper (télécommande) / taper (clavier)

Placoter : bavarder

Plate : ennuyeux

Poêle (n. m.) : cuisinière

Pogner : prendre, saisir, attraper

Polyvalente (n. f.) : collège

Portable (n. m.) : ordinateur portable

Poser : prendre en photo

Quétaine : ringard, de mauvais goût

Raqué : courbaturé

Sacoche (n. f.) : sac à main

Sacrer : dire des jurons (les jurons québécois relèvent du registre religieux)

Secousse (n. f.) : un certain temps

Sécheuse (n. f.) : sèche-linge

Sloche (dérivé de l'anglais *slush*) : neige fondante

Souper (n. m.) : dîner

Sous-marin (n. m.) : sandwich allongé

Spécial (en) : promotion (en)

Suce (n. f.) : tétine

Suçon (n. m.) : sucette

Tanné (être) : en avoir assez

Téteux (n. m.) : personne cherchant à se faire bien voir, en utilisant notamment la flatterie

Toutou (n. m.) : peluche

Truie (n. f.) : poêle à bois rustique

Tuque (n. f.) : bonnet

Valise (n. f.) : coffre arrière de voiture

Vente (n. f.) : soldes

Vente de garage (n. f.) : vide-grenier

Vente de trottoir (n. f.) : braderie

Vidanges (n. f.) : ordures, poubelles

Bibliographie et sites Internet

Histoire

BEAULIEU (Alain) et BERGERON (Yves), *Amérique française : l'aventure*, coll. « Images de sociétés », Fides, 2003.

BIZIER (Hélène-Andrée), *Une histoire du Québec en photos*, Fides, 2006.

HAMELIN (Jean) et PROVENCHER (Jean), *Brève histoire du Québec*, Boréal, 1997.

LACOURSIÈRE (Jacques), *Histoire populaire du Québec* (4 tomes), Septentrion, 2005.

LACOURSIÈRE (Jacques), *Une histoire du Québec*, Septentrion, 2005.

LACOURSIÈRE (Jacques), PROVENCHER (Jean) et VAUGEOIS (Denis), *Canada-Québec : synthèse historique, 1534-2000*, Septentrion, 2005.

LÉTOURNEAU (Jocelyn), *Le Québec, les Québécois : un parcours historique*, coll. « Images de sociétés », Fides, 2004.

Peuples autochtones

BEAULIEU (Alain), *Les Autochtones du Québec*, coll. « Images de sociétés », Fides, 2001.

COLLECTIF (sous la dir. de Michel Noël et Sylvain Harvey), *Le Québec amérindien et inuit*, coll. « Histoire de voir », Les éditions Sylvain Harvey, 1997.

DICKASON (Olive Patricia), *Les Premières Nations du Canada*, Septentrion, 2005.

GATTI (Maurizio), *Littérature amérindienne du Québec : écrits de langue française*, coll. « Les Cahiers du Québec, Littérature », Éditions Hurtubise HMH, 2004.

NOËL (Michel) et CHAUMELY (Jean), *Arts traditionnels des Amérindiens*, Éditions Hurtubise HMH, 2004.

Affaires indiennes et du Nord Canada
www.ainc-inac.gc.ca/index-fra.asp

Secrétariat aux affaires autochtones
www.saa.gouv.qc.ca

Société touristique des Autochtones du Québec
www.staq.net

Culture

BIRON (Michel), DUMONT (François) et NARDOUT-LAFARGE (Élisabeth), *Histoire de la littérature québécoise*, Boréal, 2008.

COLLECTIF (sous la dir. de Marie-Charlotte De Koninck), *France-Québec : images et mirages*, coll. « Images de sociétés », Fides, 1999.

CORBEIL (Jean-Claude), *L'Embarras des langues*, Éditions Québec Amérique, 2007.

TÉTU DE LABSADE (Françoise), *Le Québec : un pays, une culture*, Boréal, 2001.

Bibliographie et sites Internet (suite)

Musées à découvrir
www.musees.qc.ca

400e anniversaire de Québec
www.monquebec2008.com

Général

COLLECTIF (sous la dir. de Michel Venne et Miriam Fahmy), *L'Annuaire du Québec 2008*, Fides, 2007.

LION (Valérie), *Irréductibles Québécois*, coll. « Terres d'aujourd'hui », Éditions des Syrtes, 2005.

MANSION (Hubert), *Vivre le Québec libre : guide de survie des Européens au Québec*, Agence Serendipity, 2006.

Portraits du Québec, Les Publications du Québec, 2003.

Québec-France : portrait d'une relation en mouvement, Ministère des Relations internationales, Gouvernement du Québec, 2002.

ROUSSEAU (Guillaume), *La Nation à l'épreuve de l'immigration*, Les Éditions du Québécois, 2006.

Institut de la statistique du Québec
www.stat.gouv.qc.ca

Site officiel du gouvernement du Québec
www.gouv.qc.ca/portail/quebec

Site touristique officiel du gouvernement du Québec
www.bonjourquebec.com

Pratique

NADEAU (Laurence), *S'installer et travailler au Québec*, coll. « L'Express-emploi », L'Express éditions, 2003.

France diplomatie
www.diplomatie.gouv.fr/fr/pays-zones-geo_833/canada-y-compris-quebec_475/quebec_15619/index.html

Délégation générale du Québec à Paris
www.gouv.qc.ca/portail/quebec/international/france

Délégation générale du Québec pour la Belgique, le Luxembourg, les Pays-Bas et les institutions européennes
www.gouv.qc.ca/portail/quebec/international/belgique/?lang=fr

Office franco-québécois pour la jeunesse
www.ofqj.org

Office Québec Wallonie Bruxelles pour la jeunesse
www.oqwbj.org

Association France-Québec
www.francequebec.fr

Sites d'information pour les candidats à l'immigration et les nouveaux arrivants
www.immigrer.com
www.objectifquebec.org

Index

Le numéro de renvoi correspond à la double page.

Les Essentiels Milan,
64 pages pour comprendre

Autres titres sur le thème
« Pays » :
La Chine au XXIe siècle : entre promesses et défis (n° 52)
La Yougoslavie, agonie d'un État (n° 61)
Israël : une histoire mouvementée (n° 80)
L'Algérie (n° 162)
L'Afghanistan, otage de l'histoire (n° 212)
Les États-Unis : questions sur la superpuissance (n° 241)
L'Italie, de Mussolini à Berlusconi (n° 252)
L'Irak, de la dictature au chaos (n° 253)
Cuba : la révolution trahie (n° 265)

La collection « Les Essentiels Milan »,
c'est près de 300 titres déjà parus dans les domaines suivants :
- Arts, littérature et culture
- Politique, droits et institutions
- Économie, nouvelle économie
- Histoire, pays et religions
- Philosophie
- Psychologie, psychanalyse et sciences humaines
- Sciences, médecine et bien-être
- Société et médias
- Pratique

Venez découvrir l'ensemble du catalogue « Les Essentiels Milan » sur notre site : www.editionsmilan.com

Ont collaboré à cet ouvrage :
Juliette Antoine
Marianne Ripert
Iconographie
Anne Lauprête
Infographies
Catherine Duguet
Maquette et couverture
Pascale Darrigrand
Conception graphique
Bruno Douin

Crédit photo
p. 3 : © Bertrand Rieger / Hemis / Corbis
p. 7 : Bettmann / Corbis
p. 16 : Bibliothèque et Archives Canada / Collection de la musique / nlc002545
p. 24 : Bettmann / Corbis
p. 33 : John Munson / Star Ledger / Corbis
p. 37 : D.R. C. Leroy
p. 42 : Cuboimages / Leemage
p. 50 : Alamy / Photo12.com

ISBN : 978-2-7459-3190-0
D. L. : avril 2008
Aubin Imprimeur, 86240 Ligugé
Imprimé en France